SULTANE FRANÇAISE
AU MAROC

> Si je n'étais captive,
> J'aimerais ce pays,
> Et cette mer plaintive,
> Et ces champs de maïs,
> Et ces astres sans nombre,
> Si le long du mur sombre
> N'étincelait dans l'ombre
> Le sabre des spahis.
>
> VICTOR HUGO.

NOËL AMAUDRU

SULTANE FRANÇAISE AU MAROC

Précédé d'une lettre à M. S. Pichon

PARIS

LIBRAIRIE PLON

PLON-NOURRIT ET Cie, IMPRIMEURS-ÉDITEURS

8, RUE GARANCIÈRE — 6^e

1906

Tous droits réservés

S. PICHON

Sénateur du Jura, ancien Ministre plénipotentiaire
à Pékin, ancien Résident général de France à Tunis,
Ministre des Affaires étrangères.

———

Camarade,

Je comptais te dédier cet épisode de
l'histoire intime du Maroc bien avant
ton élection triomphale dans le Jura.
Tu n'étais alors qu'un diplomate en
vacances, épris de solitude, amoureux de nos belles montagnes qui
mériteraient de retenir, au seuil de la
Suisse classique, le voyageur distrait.

Tu paraissais faire fi des plaisirs que
la crainte peut corrompre, devenu provisoirement un parfait rat des champs.

Tout au plus, et comme en te jouant,
avais-tu accepté d'être le premier au
village et, tôt après, le premier au
canton. Ces lauriers, si humbles, tu
les avais cueillis d'un air si détaché,
qu'il semblait que ce fût, de ta part,
un acte de haut dilettantisme.

Aujourd'hui, j'ai l'air, comme l'élé-
phant pieux, de saluer le soleil levant.
Qu'importe! Je maintiens ton nom en
tête de cet ouvrage, qui ne sera cité
dans aucun Livre Bleu, Blanc, Jaune
ou Rouge, et dont l'intérêt se trouve
être exclusivement d'ordre anecdo-
tique. Tu n'en seras, je l'espère, ni

abaissé ni glorifié outre mesure, et je n'attends même pas de toi le remerciement banal que ne refusent jamais les professionnels du succès.

Mais il est juste qu'ayant à parler du mystère marocain, je ne change rien à mon dessein antérieur de placer sous tes auspices ce roman véritablement vécu, écrit en marge de la grave politique, qui sera l'histoire de demain.

Nous avons eu, en effet, une longue conversation au sujet du Maroc — bien avant Algésiras, hélas! — et je ne puis mieux faire que de la reproduire, en lui gardant sa forme cursive et son allure primesautière.

Voici l'article publié par moi dans *le Rappel* du 15 septembre 1904 et cité, à cette date, par la plupart des journaux de Paris et de l'étranger :

M. PICHON ET LE MAROC

Chez M. le résident général de Tunisie. — Au château de Vers-en-Montagne. — Opinion de M. Pichon sur l'avenir de l'influence française au Maroc. — Le roghi. — Pas d'expédition militaire. — Pas de fricotages financiers.

Le Rappel l'a annoncé, M. Pichon, arrivé presque au sommet de la hiérarchie diplomatique, a soudain manifesté le désir d'être le premier au village et, par-dessus son uniforme chamarré, il a ceint l'écharpe de maire. Il n'avait point fait ce pas pour reculer et l'on apprit que, sans coup férir, M. le résident général de Tunisie avait été élu par acclamations conseiller général du Jura, succédant en deuxième ligne à un éminent industriel qui était, dit la légende, — oh, les coïncidences! — un petit-fils de Napoléon. Où donc allait son ambition inquiète? Où le mènerait, par ces voies obscures, cette entrée triomphante, sensationnelle, dans une assemblée départementale, maîtresse des destinées électorales, présidée par M. Trouillot?

> Et dans le ciel rougeâtre et dans les flots vermeils,
> Comme deux rois amis, on voyait deux soleils
> Venir au-devant l'un de l'autre...

M. Pichon a paru au conseil général de Lons-le-Saunier-les-Bains, subi les compliments acidulés du mamamouchi du Commerce et n'a pas même souri.

Son âme a toujours son secret, son cœur, son mystère. Qu'a donc l'ombre d'Allah? Il ne dit rien, donc il pense, et s'il pense, c'est à quelque chose qu'il n'ose pas dire.

LE CHATELAIN DE VERS

J'ai voulu arracher à ce sphinx une part au moins de l'énigme et, le bâton ferré en main, j'ai pris le chemin de son château jurassien de Vers-en-Montagne. Une jolie maison perdue dans le fouillis des sapins, encadrée d'un parc superbe où ne manque même pas la poésie des ruines. M. Pichon occupe un domaine historique, et les tours branlantes qui semblent garder, comme deux sentinelles attentives, sa demeure bourgeoise, sont authentiquement du quinzieme siècle.

Bon accueil. Le résident se souvient volontiers de notre amitié trentenaire. Songez-y, je l'ai vu débuter, en tunique de lycéen, dans les réunions publiques. A dix-sept ans, il résolvait couramment la question sociale et faisait imprimer son opinion sur le problème oriental. Une façon d'enfant sublime qui étonnait Clemenceau, et l'on sait que Clemenceau est généralement rebelle à la stupéfaction. Cette cranerie charmante lui a réussi, mais, avec l'âge, elle s'est transformée en une réserve un peu pincée, toute de surface, qui dissimule mal une ardente combativité. Un peu empâté, l'éphèbe gracieux que j'ai connu aux meetings vengeurs de la rue d'Arras, il atteint presque à la majesté par un embonpoint digne d'un haut mandarin.

— Ah, cher ami, trente ans, comme c'est loin! Car il y a trente ans que nous nous connaissons. Quel air pur ici, pas? Quel calme! quelle fraîcheur! quelle solitude! Et comme notre Jura est beau!

— Les superlatifs de Mme de Sévigné, je les connais. Mais nous ne sommes pas réunis pour nous amuser. Il me faut, et sans retard, l'opinion de M. le résident sur la situation du Maroc, l'avenir de l'influence française, le rôle exact du roghi, la possibilité d'une expédition militaire et le danger des spéculations financières à l'occasion du problématique cadeau que nous a fait la perfide Albion.

— Ouf! Est-ce tout, au moins?

Un silence tombe. Une tristesse lourde semble s'appesantir sur la nature radieuse. M. le résident se lève avec un soupir :

— Puisque j'ai le choix du supplice, je préfère la question écrite. Je vais jeter quelques notes hâtives en regard des interrogations qui me sont soumises. Ça colle? Va faire un tour dans le parc.

Sans désemparer, M. Pichon s'assied à son bureau et remplit d'un seul jet sept feuillets qu'il me tend.

Je les transcris fidèlement pour *le Rappel*.

DÉCLARATIONS DE M. PICHON

« Je suis pris au dépourvu pour répondre aux diverses questions qui me sont posées à une heure où je m'efforce d'oublier dans le calme reposant de mon cher Jura les grosses affaires qui ne tarderont pas à m'absorber d'une façon complète.

« Ce n'est certes pas que je néglige les intérêts franco-africains, confiés pour une part à ma garde, et qui sont, d'ailleurs, tellement importants que je serais bien coupable de m'en désintéresser, même lorsque j'ai acquis par un labeur acharné, dont je suis loin de me plaindre, le droit au congé réglementaire.

« Nos forêts, nos rivières, nos montagnes sont si attachantes pour nous qui sommes nés et avons vécu près d'elles et qui n'aspirons qu'à y mourir après une vie bien remplie ! Que *le Rappel* ne s'étonne donc pas si mes réponses improvisées se ressentent des préoccupations bien différentes que j'éprouve dans ma villégiature, — hélas ! sur le point de se terminer. Le Maroc ? Je préférerais parler du *Lac de Chalain*, que d'ignobles travaux sont en train de déshonorer; de la pêche dans l'*Angillon*, ce petit affluent de l'Ain qui a été créé pour rafraîchir ma vallée; d'excursions dans l'Écosse française qu'est notre Comté : je serais plus à l'aise pour satisfaire la curiosité du reporter. Quoi qu'il en soit, puisque l'on invoque à la fois ma connaissance des choses d'Orient, des populations musulmanes et des affaires de Tunisie, — liées, en somme, à celles du Maroc, ne pouvant être séparées de tout ce qui concerne l'avenir de notre empire africain, — je ne puis refuser de dire en deux mots ce que j'en pense.

« Le *roghi*, ses prétentions, ses actions de piraterie, les légendes qu'elles provoquent, feux de paille que tout cela! On sait que l'autorité du sultan du Maroc ne s'exerce que sur une faible partie du pays, sur le *Bled-*

el-Maghzen. Le reste est désigné sous le nom de *Bled-Siba.* Les tribus y sont indépendantes. Elles n'ont entre elles ni communauté d'intérêts ni lien politique. Le concert qui peut s'établir entre tribus voisines est tout à fait éphémère. Si le sultan n'a point d'armée — et cela ne paraît pas contestable — le roghi en a moins encore. Il a pu lui arriver de réunir un nombre considérable de fusils. Quelques jours après, il ne lui restait qu'une escorte insignifiante. Les provisions épuisées, — et je n'ai pas besoin de dire comment ils se les procuraient, — ses contingents étaient repartis. D'après les relations les plus autorisées, il ne semble pas que le chef des rebelles ait

---

un grand ascendant sur les montagnards, ni qu'il ait pris la moindre
part aux actes de piraterie d'El-Rais-
souli. Celui-ci n'a agi que pour son
propre compte.

LE TRAITÉ AVEC L'ANGLETERRE

« *Passons au traité franco-anglais.
Je l'approuve entièrement.* Il fait le
plus grand honneur à ceux qui l'ont
négocié, au roi d'Angleterre qui l'a
voulu, à mon chef le ministre des
affaires étrangères, à notre ambassadeur à Londres, M. Cambon, à
M. Étienne, qui s'en est occupé, à
tous ceux qui ont travaillé à sa conclusion. C'est un des actes les plus

importants pour la paix de l'Europe et du monde, un de ceux qui méritent le plus l'appui de tous les républicains, de tous les Français. Il sera fécond, il l'est déjà, et la Russie, notre amie et notre alliée, doit être la première à s'en féliciter au milieu des difficultés terribles qu'elle rencontre en Extrême-Orient et qui n'étonnent aucun de ceux qui ont vu de près la race jaune. Il y a longtemps que, pour ma part, je les ai prévues.

« En ce qui regarde la question du Maroc, les résultats du traité sont assez évidents pour qu'il soit inutile d'y insister beaucoup. Jusqu'à présent, les ministres marocains avaient exploité les rivalités des puissances pour refuser toute concession et repousser toute réforme. Le traité a mis fin à cette situation. L'intervention récente des États-Unis aura pour effet de démontrer au maghzen marocain qu'il doit organiser ses forces de police. Notre concours lui étant pour cela nécessaire, l'incident nous sera plutôt favorable par voie de conséquence. Quant à l'Espagne, il est assurément désirable qu'on s'entende avec elle, et il faut souhaiter que les négociations qui se poursuivent aboutissent. Ce n'est cependant pas pour nous une condition indispensable, puisque nous n'entreprenons pas de conquérir le Maroc par les armes et que, sous réserve de nos droits reconnus et indiscutables, nous ne touchons pas au *statu quo*.

PAS D'EXPÉDITION

« La conquête *morale*, comme dit le questionnaire qui m'a été soumis, est-elle chimérique?

« Je ne le crois pas, mais il faut une prudence extrême. Nous devons nous attacher à résister à toutes les impatiences, à toutes les velléités de mouvements militaires qui compromettraient notre action sous prétexte de la fortifier et de la précipiter. A ce point de vue, on ne saurait trop surveiller notre œuvre de pénétration, tenir la main à ce qu'elle demeure strictement pacifique. Avec du temps, du tact, de la modération et de la sagesse, nous viendrons à bout fatalement des obstacles que *le Rappel* soupçonne. Par la sécurité des personnes et des biens assurée aux chefs indigènes, nous les gagnerons au nouvel ordre de choses et le Maroc suivra. Déjà le contrôle des douanes, placé sous la surveillance de M. Regnault (1), qui est un ancien agent tunisien de beaucoup de mérite et qui a demandé à mon administration des collaborateurs d'élite, s'est organisé sans difficulté. Il doit en être de même pour les autres services, notamment celui de la police,

(1) Assistait M. Revoil à la conférence d'Algésiras.

dont s'occupe mon ami, M. Jonnart.

« Ce n'est pas faire preuve, je pense, d'un optimisme exagéré que d'admettre qu'il ne sera pas nécessaire de recourir à une expédition militaire pour exécuter complètement nos projets. L'armée du sultan, lorsqu'elle sera constituée comme elle doit l'être, suffira pour seconder notre action. Mais, encore une fois, il faut beaucoup de méthode et de réserve, du temps, de la patience, et de la suite dans nos desseins. Il faut donner aux populations indigènes le sentiment qu'elles n'ont en nous que des amis, des guides et des protecteurs animés de la plus sincère sympathie. C'est la règle de notre action en Tunisie, malgré toutes les insanités que les brouillons et les trafiquants d'affaires peu avouables peuvent répandre en racontant le contraire. Ce doit être aussi la règle de notre intervention dans l'empire marocain. »

Mon factum en poche, prêt à prendre le train-brouette qui mène de la station perdue de Vers à la ligne de Pontarlier par Andelot, je susurrai doucement, la main sur le bouton de la porte :

— Tu es un futur député ou sénateur du Jura, dit-on?

— Mon cher, crois-moi, rien ne vaut la pêche à la ligne dans les lacs du prince d'Arenberg et dans mon Angillon, ô gué !

.   .   .   .

Tels étaient les propos que nous échangions en l'an de grâce 1904, à l'abri du protocole, dans l'air léger des hauts plateaux.

Ma prédiction s'est réalisée, ou à peu près. Te voilà un des rois du jour.

Et maintenant, camarade,

Nous voici arrivés tous deux, moi à la sérénité indulgente qui est le prix de tout effort indépendant, toi, au Capitole.

Nous n'avons plus rien à nous dire. Adieu.

N. A.

Octobre 1906.

SULTANE FRANÇAISE

AU MAROC

LA NAISSANCE D'UNE SULTANE

AU « VAL D'AMOUR »

L'histoire a des sources ignorées et profondes qui échappent aux plus patientes investigations. Au berceau des peuples, des races et des dynasties veillent des légendes qui semblent des fantômes de vérités, attirants et insaisissables comme ces dames blanches, ces sirènes de la montagne, qui guettaient dans la nuit le voyageur égaré.

Peu de régions, en France, sont aussi favorisées par les souvenirs que cette partie de la Franche-Comté qui s'appelle le *Val d'Amour*. Un nom euphonique entre tous, qui fait songer à l'ère de la gaie science et des gentils troubadours. L'Orient a semé à profusion sa poésie sur ce coin de terre d'une douceur sans pareille, où les moissons s'alimentent du limon des antiques alluvions. Il faut voir dans la splendeur de l'été ce paysage blond, d'un charme virgilien, fait d'harmonie discrète, de lumière apaisée : sous un ciel souvent brouillé à la Daubigny, de grands espaces largement distribués, coupés de forêts, exempts de ce pittoresque heurté qui naît des brusques contrastes. A peine, au midi, une ligne de coteaux bleuâtres s'arrondissant comme les symboles d'une fécondité surhumaine. Loin, bien loin, à l'est, les croupes bonasses du Jura, s'effacent dans un reculement prestigieux, ainsi que des spectateurs attentifs à ne pas envahir l'immense arène où voguèrent les canots gaulois, le grand chemin qui vit passer tour à tour les légionnaires de César, les bandes sarrasines, les hardies chevauchées des croisés et, tout près de nous, hélas ! par un étrange recommencement, les revenants des invasions alémanes. Au-dessus de ces champs épiques se déroule, par les matinées frileuses, une lourde brume, pareille à une draperie qui flotte sur une scène vide.

Là, tout raconte la féerie d'un passé héroïque et la gravité du paysan; sa face craintive, sa démarche appesantie semblent refléter un étonnement séculaire, l'impression des spectacles prodigieux dont ses aïeux ont été les témoins terrifiés ou émerveillés.

Au couchant, une rivière coule rapidement dans un frais ravin, dénoncée par une frange de peupliers qui encadre le site et le termine nettement. Son nom, la Loue, rappelle une légende des montagnes du Doubs où elle prend naissance; l'histoire d'une certaine chèvre sorcière qui, par la grâce du Malin Esprit, échappa à la poursuite d'une louve. Celle-ci, emportée par sa frénésie, tomba dans le bassin d'une source et se mit à pousser des hurlements terribles que l'on entend encore aujourd'hui. La chèvre fut brûlée à la suite d'un procès en bonne forme et la louve donna son nom à la rivière qui arrose le Val d'Amour.

Peut-être la « rapide et dévorante » Loue, comme dit de Persan, l'annaliste de Salins-les-Bains, ne dut-elle, entre nous, son appellation suggestive qu'à l'austère et sauvage beauté de sa source jaillissant d'une gueule de granit, au fracas de ses eaux irritées, à leurs bonds désordonnés.

Si j'insiste sur ces détails, c'est qu'il y a une mystérieuse concordance entre les lieux et les êtres, entre les destinées humaines et le décor impassible où

elles s'agitent, où elles se dénouent.
parfois avec l'imprévu grandiose des
drames les plus osés.

A l'une des extrémités du Val d'Amour,
au petit village de Châtelay, modeste
station aujourd'hui de la ligne de Di-
jon-Pontarlier, dont le nom se rattache
au souvenir d'un poste fortifié destiné
à défendre l'ancienne route romaine
allant de Quingey à Amagétobrie, naissait, en 1820, d'une famille de pauvres
paysans, une enfant appelée à vivre les
contes de fées, les légendes merveilleuses qui s'évoquaient pour elle, dès
ses premiers pas, à la vue des sites fa-
miliers. Un jour, elle devait se muer,
par un coup de baguette, en une princesse authentique des *Mille et une nuits,*

comme au temps des enchanteurs, devenir une sultane du Maroc, l'aïeule peut-être de Mouley-Abd-el-Aziz.

Voici la mention que j'ai relevée au registre de l'état civil de la commune. C'est une pièce historique :

« Du vingtième jour du mois de novembre, à deux heures du soir, l'an mil huit cent vingt.

« Acte de naissance de *Jeanne-Pierre Lanternier*, née à Châtelay le 20 novembre, à deux heures du soir, fille de Jean Lanternier, domicilié à Châtelay, profession de manouvrier, âgé de vingt-cinq ans, et de Sophie Moreux, profession *idem*, âgée de trente ans, mariés.

« Le sexe de l'enfant a été reconnu féminin.

« Pemier témoin : Lanternier (Jean),
père de l'enfant, domicilié à Châtelay,
profession de manouvrier, âgé de vingt-
cinq ans.

« Second témoin : Pourcheresse
(Jean), domicilié à Châtelay, profession
de manouvrier, âgé de vingt-quatre ans.

« Sur la réquisition à nous faite par
ledit Lanternier, père de l'enfant, les
noms portés et constatés suivant la loi
par moi, Claude-Florimond Baudier,
maire de Châtelay, faisant les fonctions
d'officier de l'état civil de la commune
de Châtelay.

« Et ont signé : Jean Pourcheresse,
Jean Lanternier, C.-Florimond Baudier, maire. »

Humble maison que celle où venait

de naître Jeanne Lanternier, si humble que la chambre où elle vit le jour fut un peu plus tard transformée en étable. Pareille, sans doute, à ces demeures basses, dont j'ai encore dans l'œil l'image lointaine, coiffée d'un toit de chaume qui se prolongeait en auvent, où s'abritait la simplicité de l'âge d'or. Une espèce de château de cartes fragile, que parait la grâce des giroflées sauvages.

· J'ai eu la bonne fortune de rencontrer encore au village un des rares contemporains de mon héroïne, un de ses amis d'enfance, M. Blanc, qui fut maire du pays pendant près d'un demi-siècle.

C'était exactement le 7 mars 1903. En descendant du train de Paris à l'aube,

j'eus l'impression soudaine, en voyant
se dérouler la plaine nue et froide, au
bout d'un chemin à bœufs défoncé,
garni de cette boue perfide qui rappelle
la bouillie nationale des fils des Sé-
quanes, les *gaudes* traditionnelles, d'un
grand champ de bataille retombé à la
majesté terrible des lendemains de
tueries. Au premier plan, une vingtaine
de maisons s'adossant à une colline
pelée. A l'horizon, le clocher roman de
Chissey, émergeant gauchement d'un
amas de toits bruns.

Les isbas gothiques du Châtelay d'antan étaient remplacées par d'uniformes
constructions, propres, confortables, séparées du potager par une barrière verte.
Le type de la maison de Rousseau.

On me désigne une porte de grange sur laquelle est crucifiée une chouette, excellent talisman contre le sort ennemi. J'entre hardiment, mais je suis aussitôt arrêté par un molosse au poil hérissé, à l'œil sanglant, qui me crie dans sa langue de passer outre. Au bruit, une autre porte s'ouvre et un grand vieillard, long, sec, coiffé d'une calotte de drap, sanglé dans une redingote que serrait aux reins une cordelette de capucin, demeure tout pantois en me découvrant, avec une moue de surprise fâchée, la main tendue vers le chien dans un noble geste de commandement.

Où avais-je vu cette tête énergique et rusée, que mettait en valeur le jour oblique d'une étroite fenêtre traversant de biais la chambre obscure ? Au Louvre, parbleu, à la galerie des Rembrandt.

— C'est moi qui vous ai écrit de Paris au sujet de Jeanne Lanternier, la sultane du Maroc, votre compatriote.

A ce sésame, énigmatique pour un profane, le visage de mon hôte se détend dans un sourire pincé, où se trahit la bonhomie narquoise du Comtois. Il débarrasse à la hâte une chaise de linges et de hardes qui s'y amoncelaient, me l'offre.

D'un coup d'œil j'embrasse le curieux intérieur du patriarche. Un lit fait de planches à peine dégrossies, semblable à un *cadre* breton ; sur la table ronde, un bol à demi rempli de lait, une tablette de chocolat, des paperasses, des livres ;

un poêle trapu accroupi dans un angle, ainsi qu'un monstre familier ; aux solives noircies du plafond, un régime de maïs. Il régnait une chaleur intolérable.

— Ah ! c'est vous qui m'avez écrit ? Pardonnez-moi de ne pouvoir rien vous offrir suivant la coutume du pays. Je suis végétarien : je ne bois ni vin ni alcool, je ne mange jamais de viande. Six sous par jour suffisent à ma nourriture : une raie de chocolat, deux sous de pain, deux sous de lait. Je ne sors pas de là. Vous examinez mes papiers ? Je suis vétérinaire amateur, connu à cinq lieues à la ronde. J'ai été maire de Châtelay pendant quarante ans. Revenons à notre sujet. Je suis né précisément la même année que Virginie Lan-

ternier, en 1820 ; j'ai donc quatre-vingt-
treize ans et j'espère bien atteindre le
siècle.

— Compliments. Mais pourquoi appe-
lez-vous votre illustre compatriote Virginie? N'a-t-elle pas reçu à l'état civil
le prénom de Jeanne?

— En effet. Mais nous l'appelions
ordinairement Virginie. Il arrive souvent, dans nos campagnes, que les gens
sont ainsi débaptisés ; cela tient à des
circonstances futiles, au hasard. Ah! je
me souviens distinctement de l'avoir
vue à treize ans, lorsqu'elle quitta le
pays! Mon prédécesseur, M. Baudier, a
qualifié sur le registre le père Lanternier de manouvrier. En réalité, c'était
un de ces tisserands nomades qui

allaient de maison en maison peigner le chanvre, un *pignard,* comme dit notre patois. Une famille bien dénuée que la sienne, la misère en quatre volumes. La mère travaillait à la journée et tout de suite des kyrielles d'enfants. A la fin des fins, ces braves gens se dégoûtèrent du métier, partirent pour l'Afrique. Nous apprîmes par la suite qu'ils avaient été enlevés par les Arabes *(sic)*, et le bruit courut que Jeanne — ou Virginie — avait été vendue avec sa mère au fils du sultan du Maroc. Je ne l'ai jamais revue. On m'a bien souvent écrit à son sujet. Les parents éloignés qu'elle a laissés se sont inquiétés de son sort, alléchés, sans doute, par la perspective d'un héritage fantastique. Rien.

— Et c'est là tout?

— Mon Dieu, oui. Vous trouverez à la mairie des renseignements supplémentaires sur la famille.

Derechef, le cerbère donne de la voix. Un remue-ménage, un commencement de lutte, une voix rude, furieuse, menaçant le fidèle animal.

— Ah! ce doit être le fermier de Germigney qui a son bœuf malade! Excusez.

C'est un congé en forme. Je salue l'ancêtre, je gagne la mairie-école, car les services publics sont ici simplifiés, et je ne tarde pas à reconstituer la descendance des Lanternier.

Jeanne Lanternier — décidément, je m'en tiendrai à l'état civil — a eu un frère aîné, *Désiré,* né en 1818, mort en Afrique, et trois sœurs : Claudine, née en 1823 ; Anne-Antoinette, née en 1825 ; Anne-Claude, née en 1827.

L'histoire de cette famille n'est-elle qu'une légende ajoutée à tant d'autres, brodée par l'imagination populaire sur le riche canevas des traditions locales ? Pourtant, Rousset, le grave auteur du *Dictionnaire historique et statistique des communes de Franche-Comté*, a mentionné la surprenante fortune de Jeanne Lanternier, à qui il conserve, suivant la remarque même de l'ancien échevin de Châtelay, le prénom de Virginie :

« La future impératrice du Maroc, écrivait en 1853 cet historien, dont l'érudition et l'impartialité sont rare-

ment en défaut, est née au Châtelay
le 20 novembre 1820, sous un toit de
chaume et dans une chambre qui sert
aujourd'hui d'écurie. Emmenée par ses
parents, en 1834, dans l'Afrique française, elle fut prise avec toute sa famille
par les *Marocains* (?). Son père fut mas-
sacré et sa mère mourut peu de temps
après. Ceux qui l'avaient enlevée,
éblouis de sa merveilleuse beauté, l'épar-
gnèrent. Par un concours de circonstances que nous ne connaissons pas, le
fils aîné de l'empereur la vit, en devint
éperdument amoureux et l'épousa. La
future souveraine a appelé ses trois
sœurs auprès d'elle et les a attachées à
sa cour. »

Voilà qui est positif. Rousset a fixé en

traits décisifs, sauf quelques inexactitudes de détail et quelques obscurités qu'il n'a pas pris la peine d'éclaircir, le fait essentiel : Jeanne Lanternier a épousé le *fils aîné* du sultan régnant en 1836, Abd-er-Rhaman, et cet héritier du kalifat n'était autre, par conséquent, que Mouley-Sidi-Mohammed, le vaincu d'Isly — le *petit Muley*, comme disait plaisamment le refrain d'une chanson de circonstance qui scandait la marche des soldats de Bugeaud (1).

(1) Voir les *Mémoires du général du Barail.*

LES VOIX DE JEANNE

LA PASTOURE FRANC-COMTOISE

Les *pignards* — peigneurs de chanvre
— étaient, à l'époque où naissait Jeanne,
les mainteneurs jurés des traditions, les
descendants dégénérés des troubadours,
dont la gaie science était funeste à la
vertu, généralement imperméable, des
châtelaines féodales. Ils transportaient
de village en village leur métier et les
chansons à l'aide desquelles ils trom-
paient la monotonie de leur rude tâche,
les Noëls naïfs issus en droite ligne des
fabliaux et des libres mystères où, sous

le couvert d'une piété théâtrale, se donnait carrière l'inspiration aristophanesque :

> Ai dédjà veu lou do,
> Qué courint d'vant l'êdiise,
> Qué potchint in gros falot,
> Qué courint quement lou bise... (1).

Le père de Jeanne Lanternier rythma, sans doute, sa besogne ingrate au son de ces refrains populaires, de ces mélodies aux vagues paroles où s'exprimait la lourde mélancolie d'une race dolente, inhabile aux beaux cris de la passion, dont la plainte sans éclat garde comme un accent de résignation navrée.

Et tout de suite après, il est permis

______

(1) Noël bisontin : — « J'ai déjà vu deux personnes, — qui couraient devant l'église, — qui portaient un gros falot, — qui couraient comme la bise. »

de le supposer, c'étaient, dans une note plus alerte, le récit en une prose gaillarde, soutenue d'assonances familières, les contes bleus d'antan, les histoires merveilleuses qui plaisent aux peuples enfants, celle, par exemple, des rois mages revenant de Bethléem et s'égarant jusqu'au pays comtois par le chemin des écoliers. Dame, ils n'avaient plus leur étoile ! Peut-être avaient-ils même marché sur l'*herbe à la recule* qui trompe les pas du voyageur malchanceux. Les pèlerins orientaux gagnèrent les environs de Dôle, qu'ils prirent pour Antioche, firent un crochet et, harassés, finirent par s'asseoir en pleins champs, sur une pierre, au bord d'une source propice.

L'un d'eux but de l'eau et la reconnaissance s'exhala de son gosier desséché en une exclamation simpliste :

— Elle est très bonne !

Un village se forma à cet endroit qui s'appelle encore aujourd'hui *Étrabonne,* en souvenir de la parole du mage.

Cependant, la maisonnée des Lanternier vivait chichement et, sur la table de famille, où le nombre des infortunés convives s'accroissait régulièrement d'année en année, les *gaudes* paraissaient plus souvent que la poule au pot du seul roi dont le peuple ait gardé la mémoire. Non sans que la mère eût jeté par-dessus l'épaule gauche le premier *pochon.* Offrande naïve aux mauvais génies de la contrée, usage renouvelé des libations païennes.

En vain, Jeanne mettait-elle, la veille de Noël, ses petits sabots dans l'âtre en priant tout bas la *tante Arie*, qui venait visiter les cabanes des pauvres, apporter des jouets et des friandises aux enfants déshérités et récompenser les fileuses émérites. En vain l'appelait-elle dès qu'elle entendait au dehors un bruit de *sonnailles*, prélude obligé du passage de la bonne fée montée sur son âne. Arie, Arie, cri de surprise et de douce supplication, demeuré dans le patois de l'est, altération probable d'*Aeria*, la déesse aérienne, un des surnoms de l'altière Junon !

Si Jeanne s'enfonçait dans la forêt de

Chaux, toute proche, une des plus nobles de France, puisqu'elle remonte aux premiers âges de la Gaule et affiche la prétention d'être un débris mutilé des forêts primitives, elle ne manquait pas de saluer les arbres-fées, les chênes magnifiques, issus directement de ceux qui offraient le gui sacré à la faucille d'or des druides. Tout en aidant sa mère à ramasser le bois mort et à composer le fagot, il lui était malaisé de ne pas penser à l'histoire, souvent entendue, de la belle Mélusine, origine du serpent ailé qui figurait dans les armes de la puissante famille de Mathay, importation orientale aussi, transposition fantastique du mythe d'Amour et Psyché.

Un jour, une inconnue, une créature de rêve surprend le sire de Mathay accablé par la fatigue de la chasse, endormi au pied d'un chêne, et le baise aux lèvres. Il se réveille, s'amourache de l'apparition, l'épouse. Mais il a juré qu'il ne chercherait jamais à savoir ce qu'elle devient les nuits de vendredi. La curiosité, la jalousie, quelque diable aussi le poussant, il ne peut résister à la tentation d'épier l'adorée dans ses promenades hebdomadaires. Une nuit, il l'aperçoit, transformée en sirène, se baignant dans une cuve d'albâtre. Son rêve finit en queue de poisson. Et jamais plus il ne revit l'enchanteresse.

Les Maures, les Sarrasins ont dû mêler à ce symbolisme attirant la féerie de leurs contes prodigieux, où c'est un commun passe-temps, pour les rois d'aventure, de couronner la beauté vertueuse, d'épouser les bergères. Cela parut de tout temps naturel sur cette terre imprégnée plus qu'une autre de l'esprit et de la poésie de la chevalerie.

Un village du canton de Salins, englouti par un glissement de montagne en 1649, s'appelait *Sarcenne*, rappelant la grande invasion du huitième siècle. Un faubourg de la ville de Poligny, *Charcigny*, — en patois *Sarceny*, — se rattachait à la même étymologie. Le *Bois des Sarrasins*, la *Baume des Sarrasins*, *Geraize*, autant de noms de lieux qui accusaient le passage de l'Orient.

Mais aucune légende ne dut parler

plus à l'imagination de Jeanne que celle du Val d'Amour, inspirée de l'antiquité classique, des malheureuses amours de Héro et Léandre :

« Cinq ou six siècles en ça, a écrit en 354 Hilaire, évêque de Besançon, vivait à Clair-Vent (non loin de Châtelay) un riche homme de Bourgogne, qui joignait la déplaisance à la fierté. Les tourelles de son château se miraient dans le lac de la Loue. Il avait une fille belle à ravir et qui n'était pourtant mie glorieuse. Cette jolie pucelle aimait un gent menestreux de Montbarrey, mais Rainfroy, dur et chiche, ne voulait pas qu'elle épousât le pauvre Philippe, et la vive Alicette fut mise en étroite prison, malgré ses pleurs. Philippe, alors, creusa

un chêne à l'aide du feu, et quand la
lune était à son décours, il traversait le
lac, guidé par un fanal qu'allumait la
nourrice d'Alicette. Il baisait les mains
de sa mie à travers les barreaux de la
tour et revenait content de sa soirée.
Mais sa boursette s'épuisa bien vite à
payer la nourrice avaricieuse. La mau-
dite goyne souffla une nuit son cierge
et le canot mal dirigé dévala tout à
fond. Philippe se noya tristement. Peu
de jours après, Rainfroy passa lui-même
de vie à trépas, et sa fille, libre enfin,
jura de retrouver son amant mort ou
vif. Elle fit rompre à Parrecey la digue
qui retenait les eaux du lac, et on le
retrouva en effet à Chissey où il avait
chust, déjà tout défiguré. Alicette garda

de lui perpétuelle souvenance et bâtit la chapelle d'Ounans, où elle fut inhumée à côté de son doux ami (1). »

Cette légende du Val d'Amour ou Val-Loue, un simple terrain d'alluvion, est confirmée par l'historien Gollut (2) :

« Nos pères disent que au Val-Loue, l'un des plus fertiles quartiers qui soient en Gaule, la Loue estoit arrestée, et qu'elle y faisoit un grand et profond lac ; mais que le terrain estant dehument nivellé, lon luy havoit faict carrière, pour la faire couler plus librement jusques au Doubs, où présentement elle

(1) DUSILLET, *Yscult de Dôle* ; ROUSSET, *Dictionnaire, ut suprà.*

(2) GOLLUT, *Mémoires de la République séquanaise.*

se décharge par un cours non plus arresté, mais continué.

« Et de vray, par tout le Val-Loue, lon remarque un rivage fort relevé et fort éminent qui borde et environne en un long circuit toute la vallée, et monstre que autrefois ce lac y estoit composé, courant au milieu cette rapide rivière, laquelle par son cours rapide et par sa gueule ravissante de Louve, se seroit faict ouverture aux endroits abaissés et plus foibles, ou bien lon luy auroit tranché son issue par le travail des homes, pour gaigner ce très-beau Val-Loue, non jamais assez loué pour sa fertilité très-grande. »

Que de fois Jeanne dut entendre ce récit naïf! Que de larmes innocentes elle dut verser au souvenir du doux troubadour et de son amie ! « Puisse, répétaient les bonnes femmes de Châtelay en forme de conclusion, la nuit me prendre où sont mes amours ! »

Châtelay, ne possédant point d'église, dépendait, dépend encore de la paroisse de Chissey. L'église de ce dernier village, classée avec raison parmi les monuments historiques, est un intéressant échantillon de l'art roman, une des plus belles de la province. Jeanne Lanternier y fit sa première communion vers 1831. Quand elle fut captive « dans la tant vieille tour du Maure que le soleil dore », comme dit la romance de Chateaubriand, elle dut se rappeler avec émotion le porche monumental par où

l'on accède dans le vénérable sanctuaire,
le Christ-aux-liens du tympan entre ses
deux apôtres fidèles, l'escalier mystérieux qui mène à « la chambre des fous » ,
les nefs silencieuses et fraîches comme
une tombe, avec la lugubre procession
des suppliciés qui grimacent encore aux
corniches, suspendue ainsi qu'un aver-
tissement symbolique au-dessus des
croyants prosternés. Elle regretta sûre-
ment, ayant réalisé son rêve de devenir
une princesse lointaine, ses douces
rêveries de paysanne tentée de bonne
heure par l'impossible. L'amour tyrannique réveilla en elle la curiosité du
bonheur simple.

> Hélas! de nuict, elle est mieux que gardée,
> Et sur le jour de cent yeux regardée,

Plus que jadis n'estoit Io d'Argus,
Qui eust au chef cent yeulx clers et agus.
Si ne fault pas s'ébahyr grandement,
Si on la garde ainsi songneusement,
Car voulentiers la chose précieuse
Est mise à part en garde soucieuse (1).

Il vaut mieux, en effet, rêver la vie la plus heureuse que la vivre.

Mais la vierge comtoise n'en était encore qu'à la préface idéale de son extraordinaire roman. Elle se laissait aller doucement à la pente de sa nature à la fois songeuse et confiante, montrant seulement un faible pour les belles histoires où se reflétait un passé de légende, pour le symbolisme ardent qui avait enveloppé son enfance et qui la vengeait provisoirement des cruautés du sort.

(1) Clément Marot.

Dans son nom patronymique se vé-
rifie la théorie risquée de la concordance des noms et des destinées. *Lanternier*, au sens figuré, exprime, en
langage populaire, une propension à la
paresse rêveuse.

Elle trouva, d'ailleurs, un autre ali-
ment à ses songeries dans la chaumière
de son père, homme de belle stature et
d'un parfait équilibre physique, descendant évident des robustes émigrants
alamans, de ces *amaves* que Constance
Chlore battit et réduisit à l'état de colons. Elle avait appris à lire du *frater* du
village, si j'en crois un document dont a
eu connaissance Émile de Girardin (1).

(1) *La Presse*, 1848.

Et quelques livres s'éparpillaient sur la commode du tisserand à côté des almanachs qui formaient alors le fonds de toute bibliothèque rurale : un résumé de l'histoire de la Révolution, Racine — ô Bajazet ! — *Clarisse Harlowe,* un choix des poésies de Voltaire, *Gil Blas.*

En cette jeune âme façonnée par la nature, par la tradition, par l'obscur instinct d'une race errante, par les dures leçons du foyer, par la sentimentalité éparse, une ivresse naquit, très pure, voisine de l'inspiration prophétique.

Quand Jeanne s'esseulait le soir, à l'orée de la forêt mystérieuse, sur les routes désertes du Val d'Amour, l'Irréel semblait frémir et murmurer derrière

chaque buisson; de tous les coins de la
plaine légendaire, une ombre héroïque
ou plaintive se levait à l'appel de son
imagination surexcitée. Le plus curieux
est qu'elle devint elle-même une légende
vivante; elle réalisa, créa ses idées;
« elle en fit des êtres; elle leur commu-
niqua, du trésor de sa vie virginale,
une splendide et toute-puissante existence, à faire pâlir les misérables réalités de ce monde (1). »

Comme l'autre Jeanne, la bonne Lor-
raine, la pastoure franc-comtoise, ayant
respiré l'atmosphère du merveilleux,
appris à lire dans les vieux fabliaux,
suspendu des couronnes aux chênes

(1) MICHELET, *Histoire de France*, t. II.

magiques, vu passer mille fois en imagination le beau chevalier redresseur de torts, entendit confusément des voix dans le maigre jardin de son père; s'étonna moins, plus tard, lorsque, jetée, ainsi qu'un butin de guerre, aux pieds du sultan d'outre-mer, après des aventures sans nombre dont elle sortit avec le même bonheur que la fiancée du roi de Garbes, elle entendit « le propre fils du souverain » lui proposer de partager son trône éventuel.

C'était son rêve d'enfant qui continuait :

> Par ces perles dont la chaîne
> Rehausse, ô ma souveraine,
> Ton cou blanc comme le lait,
> Je ferai ce qui te plait,
> Si tu veux bien que je prenne
> Ton collier pour chapelet.

LE RAPT

La Franche-Comté a toujours été
féconde en hommes d'action, soldats
de fortune mêlés aux bandes aventu-
rières, champions de la croix ; médecins
gouvernant les rois comme cet étonnant
Jacques Coitier, précurseur des mo-
dernes théories sur la suggestion ; diplo-
mates mettant au service de l'Espagne
leur sagacité débrouillarde, leur finesse
de vieux procureur et leur vouloir anguleux ; volontaires prêts à servir, avec
une égale ardeur, la Révolution ou
Napoléon. De tout temps on trouva des

marchands et des artisans comtois sur les grands chemins d'Europe.

Sous l'aiguillon de la nécessité, les Lanternier sentirent se réveiller en eux l'instinct nomade et l'inquiète ambition de la race. Aussi bien, l'Algérie venait de s'ouvrir à l'influence française ; elle apparaissait aux déshérités de la nation, dans le mirage d'une rapide conquête, comme une terre promise, un Eldorado. Le tisserand de Châtelay résolut de s'expatrier, de quitter les horizons connus du Val d'Amour et les champs ingrats où il peinait sans espoir. Il alla s'établir à Dely-Ibrahim, près de Bouffarik. Aussi bien, rien ne le rattachait plus au village. Il n'avait même plus, à la lettre, une pierre où reposer sa tête :

sa maison venait d'être dévorée par un incendie.

On ne trouve, cependant, dans les archives du gouvernement d'Alger, nulle trace d'une concession officielle au nom de *Lanternier*. Mais il n'est pas défendu de penser que, dans le désarroi de la conquête, les premiers colons bénéficièrent d'une certaine exemption des formalités usuelles. D'un autre côté, le paysan de Châtelay a pu reprendre à son compte une exploitation existante, un domaine abandonné. Quoi qu'il en soit, cette absence d'un document initial était à signaler.

Quelques années se passèrent. Le nouveau colon n'eut qu'à se féliciter de sa détermination et, contrairement au proverbe, en changeant de climat, il parut avoir lassé la mauvaise fortune. La petite ferme qu'il exploitait prospéra. Sa femme le secondait avec intelligence et dévouement; elle était faite aux rudes travaux des journalières de l'Est, dont la jeunesse n'est qu'un « déjeuner de soleil », le dos déjà courbé, la taille déviée par l'habitude des lourds fardeaux, pareille, à trente-cinq ans, à ces douloureuses silhouettes par lesquelles Millet a synthétisé le fatalisme pesant des esclaves de la terre, la prompte déchéance des paysannes pauvres.

Ses enfants l'aidaient dans sa tâche quotidienne. Jeanne donnait l'exemple de la vaillance; elle soignait les bestiaux,

menait les chevaux à l'abreuvoir, rin-
çait le linge de la communauté pendant
la nuit, comme les lavandières des ballades berrichonnes, mais pour une raison
moins poétique. Les heures du jour
étaient toujours trop brèves pour les
multiples soins dont elle prenait sa large
part. Ardente aux distractions innocentes, du reste, mais avec une réserve
instinctive, qu'elle devait aux sévères
leçons de sa vie libre, à la discipline
des vierges précoces qui savent se garder
elles-mêmes.

« Chaque dimanche, dit M. Ernest
Alby, un écrivain marseillais qui a vécu
en Algérie vers ce tempss et a écrit, à
l'intention d'Émile de Girardin, des
souvenirs anecdotiques très intéressants

sur les captifs français, tombés aux mains d'Abd-el-Kader (1), elle paraissait la première à la danse et se retirait la dernière... Mais jamais, en sortant de ces joyeuses réunions, on ne la voyait s'attarder le long des murs de l'église ou dans les allées entr'ouvertes des maisons, pour deviser d'amourette avec les galants qui la courtisaient. C'était la fille la plus vaillante et la plus aimée du village. La *Virginie* était la plus jolie fleur du pays et on ne citait pas, à dix lieux à la ronde, une fille capable de la déchausser. Elle avait des cheveux châtains, qui se lissaient en bandeaux sur ses tempes; ses yeux noirs respiraient

(1) *Histoire des prisonniers français depuis la conquéte*. Paris, Desessart, 1 vol.; *Presse, Variétés*, 1848.

une vivacité et une espièglerie des plus
spirituelles et des plus émoustillantes.
Le nez était d'un profil admirable par
son élégance et sa pureté, et la bouche
s'épanouissait en un sourire des plus
gracieux et des plus charmants; et,
chose remarquable, la boîte osseuse de
la tête affectait la petitesse de la forme
que l'on observe dans les meilleures
figures de la sculpture grecque. Le cou
était un peu engagé dans les épaules
par suite des fardeaux que l'enfant
avait portés sur les reins; les bras et
les mains dessinaient un galbe d'un
précieux modèle; la taille offrait ce
contour héroïque qui fait pressentir
dans la nubilité virginale la fécondité
maternelle, et les jambes et les pieds

présentaient un type parfait de finesse, de légèreté et d'élégance... Rien de vulgaire dans la personne de la paysanne ne venait trahir son origine plébéienne. Tout, au contraire, dans sa beauté et sa physionomie, révélait une distinction, un charme expressifs... (1). »

Vers le mois d'avril 1836, le père Lanternier se rendit à Bouffarik, où il était invité à une partie de plaisir ; il emmena avec lui sa femme, sa fille aînée et deux Allemandes qui habitaient Dely-Ibrahim. Au retour, « il tomba, dit M. Alby, dans une embuscade que lui avaient tendue des maraudeurs arabes, et il fut vendu à l'émir (Abd-el-

(1) *La Presse,* 1848.

Kader), ainsi que les quatre femmes qui l'accompagnaient. Ces cinq prisonniers finirent par rejoindre, sous l'escorte de leurs ravisseurs, l'émir qui bivouaquait aux environs de la Tafna. » Ils rencontrèrent dans le camp M. Meurice, un colon qui avait été enlevé peu de temps avant dans la plaine de Mitidja.

« L'émir venait de perdre contre le maréchal Bugeaud la bataille de la Tafna, et cette déroute l'avait déconsidéré aux yeux de ses partisans, à tel point que les réguliers et les goums refusaient de marcher à l'ennemi et qu'ils se débandaient. La révolte, le pillage et la panique désolaient le camp de l'émir. Son autorité était méconnue et, dans le tumulte d'une fausse alerte nocturne, la tente impériale fut pillée et coupée en deux.

« En présence de ces actes d'insubordination, l'émir comprit que la vie des six prisonniers chrétiens, deux hommes et quatre femmes, n'était plus en sûreté dans son camp. Il donna l'ordre à une troupe de trente nègres, avec lesquels il avait composé une sorte de garde d'élite, de conduire les chrétiens, hommes et femmes, à *Nedroma*, et de les mettre, en son nom, sous la protection du caïd de cette ville. L'émir commanda aux trente nègres de bien traiter les prisonniers et de respecter les femmes.

« En arrivant à Nedroma, les deux hommes furent jetés en prison et les femmes allèrent habiter une maison qui appartenait au caïd.

« Quelque temps après, l'émir rappela M. Meurice auprès de lui. Depuis ce jour, toutes les fois qu'il s'agissait de traiter avec le général français de l'échange des prisonniers, l'émir, *qui avait déjà arrêté, sans doute, la conduite qu'il se proposait de tenir à l'égard des Lanternier*, défendait expressément que le nom du père Lanternier fût prononcé dans ces négociations. »

Et voilà qui explique comment les archives de la Guerre et des Affaires étrangères n'ont gardé nulle trace du rapt qui valut, selon toute vraisemblance, à Jeanne Lanternier le titre de sultane au harem de Sidi-Mohammed.

Bugeaud ne sonne mot de l'incident dans ses rapports si lumineux, d'une si instructive précision, dans sa volumineuse correspondance. Il l'ignora simplement, fut dupe du silence calculé d'Abd-el-Kader.

« Nous sommes en droit, écrit-il au prince de Joinville au lendemain d'Isly, d'exiger maintenant qu'Abd-el-Kader soit confiné dans une ville de la côte où nous aurons un consul pour le surveiller; que son armée soit dissoute immédiatement; qu'on nous rende les trois chasseurs Briant, Wolff et Escoffier, qu'Abd-el-Kader retient encore prisonniers... (1). » M. de Nion, notre

(1) Archives de la Guerre, 1844. *Correspondance d'Algérie.*

agent diplomatique, avait échoué complètement dans les négociations qu'il avait entamées à ce sujet, et la réponse qu'il avait reçue était même d'une rare insolence.

Dans la tente du vaincu d'Isly, Sidi-Mohammed, tombée au pouvoir de nos soldats, Bugeaud trouva des lettres très compromettantes qui révélaient l'astucieuse pensée de la cour chérifienne, jusqu'à des autographes du sultan :

« Au nombre des conditions posées par la France, écrivait à son fils, le 1ᵉʳ août 1844, Abd-er-Rhaman, est celle-ci : « Celui qui fuira de chez nous « pour se réfugier chez eux, et récipro- « quement, sera rendu. » Je ne puis

accepter cette condition. J'ai ordonné
à mon secrétaire, Mohammed-ben-Dris,
de dire au consul anglais, qui s'est posé
comme intermédiaire entre moi et les
Français, que je ne réclamerai pas
ceux des nôtres qui iront chez les Français et *vice versa* (1). »

L'épée de Bugeaud trancha à Isly le
nœud gordien de cette politique entor-
tillée. Mais les captifs français ne furent
pas pour cela remis en liberté. Revenant à la charge auprès du prince de
Joinville, le maréchal victorieux lui
mandait, à la date du 25 août : « Il faut
également demander qu'on nous rende
les trois chasseurs prisonniers qu'il a

(1) Archives de la Guerre, *ut suprà.*

encore entre les mains. Ils s'appellent Briant (brigadier), Escoffier (trompette) et Wolff (chasseur). »

Les prisonniers n'attendirent pas l'effet de ce bon vouloir énergique. Grâce à l'ingéniosité d'un officier, ils purent s'évader. Une seule femme resta aux mains des Marocains, la cantinière Morali, qui, étant dans un état de grossesse avancée, refusa de suivre ses compagnons.

L'histoire du trompette Escoffier a été longuement narrée dans la presse du temps et nous y reviendrons. Mais aucune démarche officielle, aucune tentative ne fut faite pour retrouver les traces de Mme Lanternier et de sa fille, que des brigands mercenaires avaient entraînées vers une destinée mystérieuse.

Un seul homme réussit à pénétrer en partie cette horrible énigme. Il s'inquiéta du sort réservé à la petite paysanne franc-comtoise ; apprit, non sans étonnement, que sa fuite éperdue dans le désert, évocatrice de la terrible aventure de Mazeppa, l'avait faite plus que reine. Mais au prix de quelles cruelles séparations, de quels durs sacrifices !

M. Ernest Alby, au cours de son long séjour en Algérie, avait recueilli des indices certains sur la condition des prisonniers français faits par les réguliers d'Abd-el-Kader ou par des gens du Riff, oubliés des leurs, disparus dans un mystère. Tel ce malheureux Georges

Forret, parti de Tanger le 19 janvier 1900, que le bruit public représenta plus tard comme ayant été assassiné par les Beni-Selman. Mais sa mère n'ajouta jamais foi à cette information et l'un des compagnons de mission de M. de Ségonzac, M. Réné de Flotte Roquevaire, n'hésita pas à écrire, dans une note publiée sous les auspices de la Société de géographie commerciale, « qu'un secret espoir lui restait que le vaillant explorateur devait être prisonnier dans une de ces tribus berbères, tombeau discret qui se referme sur vous, comme la mer, sans laisser de trace (1). »

(1) *Bulletin de la Société de géographie commerciale*, année 1901.

M. Alby chercha et trouva la piste des Lanternier. Il avait été mis en relation avec Émile de Girardin par l'intermédiaire de son frère Louis, directeur d'une importante filature dans le Nord. *La Presse* donna donc, sous sa signature, le résultat de ses investigations, qui avait déjà paru en brochure ; malgré quelques erreurs de détail, comme l'origine prétendue alsacienne de la famille Lanternier, il semble s'appuyer sur de curieux indices, conformes à la légende locale de Châtelay, aux rares renseignements qui nous sont parvenus dans la suite. Girardin a dû posséder, sur cette affaire, des papiers assez explicites. Que sont-ils devenus ?

Quoi qu'il en soit, nous ne pouvons que nous en référer au récit vivant et pittoresque tracé par M. Alby, en élaguant les épisodes visiblement fantaisistes dont il l'a corsé.

LA MORT DE M. LANTERNIER

Il semble à peu près certain que Jeanne fut violemment séparée de son père avant de prendre le chemin du Maroc. Mais, auparavant, elle fut exposée à une cruelle aventure. Nous avons dit qu'Abd-el-Kader, vivement pressé par Bugeaud et n'étant qu'à moitié sûr de la docilité de ses partisans, avait résolu d'éloigner de son camp ses prisonniers, notamment les Lanternier, les deux Allemandes enlevées avec eux et M. Meurice, un colon qui avait été surpris par des maraudeurs, le 25 avril 1836, en allant visiter son domaine de la Mitidja.

Les trente nègres qui devaient con- duire ces malheureux à Nedroma appartenaient à la garde particulière de l'émir. Ils avaient pour sa personne un culte farouche, mais, en revanche, ils étaient habitués à vivre de pillage, redoutés pour leur férocité bestiale, parce qu'on les savait disposés à es- compter largement, en toute rencontre, l'indulgence calculée de leur maître. Ils n'hésitèrent donc pas à passer outre à la consigne qui leur avait été donnée de traiter les hommes avec douceur et les femmes avec respect. En cours de route, dans un lieu désert, ils attachè- rent les hommes à un arbre et, sous leurs yeux, assaillirent les prisonnières. Ce fut une scène sauvage dont la réalité n'a été que trop confirmée par le témoignage de M. Meurice et de ses compagnons de captivité.

A Nedroma, le père Lanternier fut jeté en prison avec M. Meurice; il ne devait plus revoir sa femme et sa fille.

Le 31 juillet, M. Meurice est rappelé au camp de l'émir, où ne tardent pas à le rejoindre deux déserteurs français et deux marins sardes capturés en mer. Deux mois après, des pourparlers s'engagent pour l'échange des prisonniers, *les Lanternier compris*, avec le baron Rapatel, lieutenant général, commandant de la place d'Alger. Abd-el-Kader exige qu'on lui rende vingt des siens.

Il était alors sous l'impression d'un concours efficace promis par le sultan du Maroc, Abd-el-Rhaman.

Le 28 octobre, M. Meurice voit arriver un Français âgé d'une cinquantaine d'années, « portant une longue barbe, une épaisse moustache fauve qui tombaient incultes et sales sur sa poitrine nue. Il était sanglant, déguenillé. Depuis la sortie de Mascara, la populace arabe s'acharnait sur le chien de chrétien. *Il reconnut le père Lanternier*, voulut lui parler, mais les chaouchs brandirent leurs bâtons et conduisirent le prisonnier dans la tente impériale... »

Malgré le bon vouloir apparent d'Abd-el-Kader, Lanternier est maltraité. Ses gardiens fanatiques lui reprochent sa résistance prolongée à la volonté de Dieu, ses protestations contre l'éloignement des siens. Son dos meurtri par les coups n'est qu'une plaie. Il est d'office ramené à la prison de Mascara, d'où il a été extrait, et refait en sens inverse sa voie douloureuse. Dans la même ville se trouvait le lieutenant de France, enlevé pendant une partie de chasse, qui peut parvenir jusqu'à lui et recueillir ses tristes confidences. Un autre blanc lui montre aussi quelque pitié : c'est le déserteur Jean Mardulin, ancien légionnaire.

Le 12 novembre, M. Meurice succombe. Ses papiers ont été rendus en partie à sa mère, qui habitait à Paris, 16, rue Cadet.

Cependant, Lanternier ignorait le sort de sa femme et de sa fille. Deux heureuses nouvelles lui étaient parvenues : il allait rejoindre ses compatriotes retenus au camp d'Abd-el-Kader et les négociations pour un prochain échange de prisonniers étaient menées avec diligence. Il figurait, en effet, sur la liste des otages libérables avec le lieutenant de France, le colon Pic et son domestique, la cantinière Laurent, les soldats Bourgeois et Devienne du 11ᵉ de ligne, Fleury et Lefort du 61ᵉ, Léonard de la 7ᵉ compagnie de discipline.

Une forte escorte les conduit successivement à El-Borgl, sur les bords de l'Oued-Méria, près de l'Oued-Cheliff, à Milianah. Ils touchent, pensent-ils, au salut. Mais, là, une difficulté de forme se présente, compliquée de la duplicité musulmane. Après de longs délais, on annonce enfin que six prisonniers vont être relaxés et Lanternier est du nombre. Malheureusement, il est dans un état d'extrême faiblesse, la fièvre le mine. On juge qu'il ne saurait supporter le voyage à Alger et à sa place on emmène le domestique du colon Pic.

Cette suprême désillusion lui porte le coup de grâce. Le 9 janvier 1837, il a le chagrin de voir s'en aller vers la liberté, vers la France, ses six compagnons, et il acquiert l'atroce conviction que la mort seule le délivrera.

Le 8 mars 1837, Bourgeois, Devienne, Lefort, Fleury, Léonard sont conduits à Bouffarik. Les Arabes évitent de parler du colon Pic et de Lanternier, comptant sur un marchandage avantageux. Ce n'est qu'en avril que Pic est rendu, et les émissaires de l'émir qui l'amènent au colonel Marey avouent que *Lanternier est mort.*

L'événement a été certifié par les différentes personnes mêlées à ces pénibles pourparlers et par les soldats internés au Maroc, comme le trompette Escoffier, dont il sera question plus loin.

SUR LA ROUTE DE FEZ

Abd-el-Kader tenait à s'assurer à
tout prix la protection du sultan marocain. Il avait résolu de lui adresser,
suivant l'usage oriental, des cadeaux
destinés à symboliser la flatteuse défé-
rence qu'il témoignait en toute occasion à son puissant beau-père. Subitement, il décida que les quatre femmes
blanches enlevées par ses réguliers
seraient envoyées à Abd-er-Rhaman,
avec un lot d'animaux féroces et de
gazelles dont s'orneraient, sans doute,
les jardins impériaux de Fez ou de

Marrakech. Cet homme pensait à tout. Don barbare qui symbolisait bien l'état d'âme des deux alliés.

On fit venir à la hâte de Mascara à Nedroma des cadres recouverts de toiles, espèces de tentes fixes maintenues par une ossature de bois, pour dissimuler à tous les yeux, pendant le voyage, les femmes de Sa Hautesse, désormais sacrées, et des cages pour enfermer les deux lionceaux, les deux panthères, les gazelles et les autruches qui complétaient ce singulier tribut. Il s'y joignit un tapis brodé d'or et de soie, un burnous de drap bleu et un de drap rouge, des tapis de bazar, quatre chevaux, quatre mules et quatre caisses de numéraire.

Quand tout fut prêt, les chaouchs de l'émir présentèrent au caïd de Ne-droma, qui gardait les prisonnières et en avait la responsabilité, un ordre écrit de leur livrer les chrétiennes. Elles furent enveloppées de haïks épais, hissées dans les cadres, et la caravane se mit en marche vers Tefza.

Au début, les captives, laissées dans une ignorance complète des intentions de l'émir, se bercèrent de l'espoir qu'elles allaient être bientôt délivrées sur une démarche pressante des autorités françaises. Les égards nouveaux dont on les entourait contribuaient à les entretenir dans cette illusion. Le respect chevaleresque de la femme d'autrui, surtout de la femme d'un prince, est traditionnel en pays d'Islam. La Roque, chargé par Louis XIV d'une mission auprès du grand émir, chef des Bédouins, ou arabes scénites, disait, dans sa relation, en parlant des femmes des cheiks : « Elles font quelquefois de petits voïages d'une ou deux lieues pour visiter les autres princesses. Aucun homme ne les accompagne, et c'est assés, pour toute garde, de sçavoir que ce sont des femmes pour n'en approcher en aucune façon (1). »

Voilà donc nos héroïnes chevauchant à dos de mulets, dans une sorte de prison mobile, séparées du monde entier, allant à l'inconnu, n'entendant

______

(1) *Revue de l'Islam*, 1897, p. 31. Article de M. Henri Carnoy.

que les cris des conducteurs, les hurlements des fauves tout proches, excités
par les saccades de la marche. Ce ne fut
qu'en arrivant à Ouchda qu'elles furent
fixées sur leur sort. Les chaous de
l'émir les menèrent dans la maison du
caid, et, là, on leur apprit sans ménage-
ment qu'elles étaient devenues de fait
la propriété de Muley-Abd-er-Rhaman
et qu'elles n'avaient aucune chance
d'être comprises au nombre des prisonniers français que l'émir échangeait
chaque jour contre les Arabes déportés
à Marseille.

On devine leur désespoir. Elles se
savaient dès lors condamnées au harem; ravies sans espoir à leur famille,
à leur pays, à leur religion; soumises

aux caprices d'un maître, héritier de la piraterie barbaresque sans foi ni loi, qui pouvait, s'il le voulait, les jeter en pâture aux fauves, leurs compagnons de route, pour distraire son ennui souverain. Elles se remémorèrent avec horreur les mille légendes qui couraient parmi les premiers colons algériens sur cette race mystérieuse des Maures, « jetée, dit un diplomate français qui l'a longtemps pratiquée, M. Cotte, aux extrémités du vieux monde et agonisant entre une mer de sable qui la presse, l'océan qu'elle n'a jamais su franchir, l'Espagne qui l'a refoulée dans ses limites (1). »

(1) Narcisse COTTE, *le Maroc contemporain*. Paris, 1 vol.

A quelles fantaisies sauvages ne se portaient pas les descendants du Prophète, les sultans du Maghreb-el-Agka, entre leur troupeau de concubines et leur escorte de bourreaux! Tel ce Mouley-Ismaël, qui avait muré vifs des chrétiens dans les fondations de Mesquinez. N'allait-on pas, pour amuser le maître, livrer les captives sous ses yeux aux féroces Aïssaouas, dont les étranges exercices se propageaient sur la frontière indécise de l'Algérie; qui, dans leur frénésie, dévoraient vivants des ânes, des moutons, des scorpions, jusqu'à des enfants? Ou bien, après avoir servi de jouet à ces « soldats à tête de vautour » dont elles entrevoyaient de hideux échantillons autour d'elles, aux haltes, les laisserait-on tomber dans un de ces silos profonds, oubliettes africaines qui ne s'ouvrent qu'une fois l'an? Seraient-elles le prix de quelque brigandage heureux, le salaire dédaigneusement accordé par le seigneur à l'un de ses braves, qui tirerait une balle au-dessus de leurs têtes en signe de prise de possession?

Jeanne Lanternier et sa mère avaient pour compagnes, nous l'avons dit, deux épaisses Allemandes, à peu près du même âge qu'elles. Leurs noms de baptême ont seuls surnagé dans le souvenir confus de cet épisode des guerres africaines qui fait penser à un chapitre de l'épopée indienne de Fenimore Cooper. Elles s'appelaient *Thérèse* et *Joséphine*.

A Ouchda, le caïd, sur le vu des ordres qui lui furent remis, fournit une escorte de vingt cavaliers marocains et, « sans prendre un moment de repos, la caravane poursuivit sa route, s'engagea dans la région du Riff. Elle marchait depuis le lever jusqu'au coucher du soleil, campait dans les tribus qu'elle rencontrait. D'ailleurs, les soldats avaient mandat de traiter avec douceur les captives et de ne rien négliger dans l'intérêt de leur santé et de leur conservation. »

La petite troupe finit par découvrir, après un monotone voyage sur cette vieille route que le Maroc doit aux Portugais, la montagne que couronne la ville de Taza. Ainsi, par un caprice

du sort, une des premières étapes de
Jeanne, dans sa marche à l'étoile, était
un lieu prédestiné. Huit ans plus tard,
son mari, Sidi-Mohammed, fuyant le
champ de bataille d'Isly, gagnait, au
galop de son cheval blanc, cette même
ville de Taza qui surgit encore aujour-
d'hui, pareille à elle-même, comme un
château de féerie, avec son cadre de
jardins embaumés, ses murs crénelés,
ses fortifications gothiques, ses tours
rondes et le dôme étincelant qui la désigne de loin au voyageur. Il revenait
là, vaincu, les yeux pleins de l'inat-
tendue vision des « diables au pantalon
rouge qui avaient juré sa perte », et,
peut-être, la paysanne jurassienne, la
fille du colon algérien, qui l'attendait,

berça-t-elle de ses caresses apaisantes son infinie détresse.

Plus tard encore, le Roghi devait tenir sur ce coteau prédestiné sa cour guerrière, régner effectivement sur les Berbères, ces anciens chrétiens, dit-on, mal convertis à l'islam et qui, par un obscur effet d'atavisme, supportent si mal la domination nominale du chef de la religion imposée à leurs ancêtres.

L'escorte franchit un pont, atteignit la porte, sous laquelle était posté le bureau de la douane, se présenta au *fondak* (hôtellerie gratuite).

Mais le caïd ne voulut pas y recevoir les prisonnières, sous le prétexte qu'elles étaient des filles de *Nâcrenis* (Nazaréens). Il personnifiait bien l'islamisme fa-

rouche du vieux Maroc, plus fermé alors
que la Chine aux barbares occidentaux,
et pensait, sans doute, que les femmes
et les chiens ne méritaient pas d'entrer
dans les mosquées. Un explorateur raconte qu'un horloger, chargé de réparer
l'horloge de la mosquée de Tanger, sus-
cita un incident burlesque. Il refusait
de se soumettre à l'obligation de quitter
ses souliers au seuil. Un vénérable iman
tourna la difficulté en disant qu'on pouvait laisser le mécréant pénétrer dans la
maison d'Allah, puisqu'un âne y entrait
bien avec ses sabots. Mais on lava, on
blanchit à la chaux jusqu'à la place où
avait passé l'ombre du roumi (1).

(1) Narcisse Cotte.

Le gouverneur de la ville, consulté,
prit sur lui d'hospitaliser les femmes du
sultan dans sa propre demeure. Au
matin, elles repartirent, s'enfoncèrent
au cœur du Bled-el-Siba, du « pays des
fusils », dont l'aspect, la constitution,
les mœurs, un demi-siècle après cette
romanesque aventure, ont si peu varié
que l'on peut transcrire ici, comme une
vérité constante, les impressions de
l'explorateur suisse Léonhardt, publiées
en 1897. Il estimait, à cette date, que
le Riff était en mesure de mettre en
ligne 250,000 fusils. Une guerre d'em-
buscades serait là meurtrière, pleine de
surprises, en raison des ravins, des montagnes, des accidents du sol qui offrent
aux sauvages habitants, vrais mohicans

africains, de sûrs abris, d'inexpugnables retraites. Ils envoyaient chaque année à Marrakech ou à Fez des cadeaux que le sultan consentait à décorer du nom d'impôts, mais ils se sont toujours considérés comme indépendants au point de vue politique, liés seulement par la tradition religieuse au descendant hypothétique de Fatime .

Le pays est le refuge naturel des rôdeurs, des exilés, des outlaws; une terre d'asile, un maquis, où campent les flibustiers musulmans, dont le principal métier est la razzia (1).

(1) Voir dans les *Nouvelles de Bâle*, année 1897, l'*Étude sur le Maroc*, par LÉONHARDT.

LA GITANE

Au cours d'une de ses monotones étapes à travers le Bled-el-Siba, un peu avant de toucher à Taza, dans le bourg de Takinn, peuplé d'israélites presque autochtones qui se vantent de n'avoir pas participé à la mort du Christ, siège d'un marché d'esclaves qui fut long-temps florissant, Jeanne Lanternier fut distraite de ses angoisses par un incident qui contribua peut-être à fixer ses rêves flottants, à préciser dans son imagina-tion les conséquences de l'inexorable avis donné par ses ravisseurs : « Tu es envoyée au sultan par l'émir en signe d'amitié. Tout arrive, si Dieu le veut. Tu deviendras *chérifa!* »

Chérifa? épouse légitime d'Abd-er-Rhaman, impératrice!

L'instinctive coquetterie de la femme lui suggéra peut-être, à ce moment, une ambition folle. Puisqu'elle devait renoncer à revoir l'Algérie et la France, elle avait tout à gagner à mériter les bonnes grâces du maître mystérieux, dont l'ombre blanche, ombragée du parasol rouge, n'apparaît qu'une fois l'an au peuple, dont le cheval foule les croyants prosternés, formant un tapis vivant. A quoi n'a-t-elle pas le droit d'aspirer dans un pays où règne la beauté?

La caravane venait de pénétrer dans une région fertile, arrosée par l'Oued-Malanya et l'Oued-Za. L'aga avait recueilli les captives dans son « kaïman ». Takinn s'était révélé aux envoyés d'Abd-el-Kader à « l'heure rose ». Les acheteurs se faisaient rares, au « marché des gazelles », autour des pauvres filles offertes à leurs caprices, des négresses du Soudan pour la plupart, coiffées de madras éclatants avec de larges anneaux de cuivre aux oreilles ; des mulâtresses vêtues d'une sorte de fourreau de percale blanche rayée de rouge. La nuit s'avançait lentement, le crépuscule prolongeait indéfiniment son illusion divine.

Plantureuse avait été l'hospitalité de

l'aga. Il avait fait distribuer à l'escorte deux moutons et vingt poulets. Les hommes se mirent en devoir de confectionner le couscous à la marocaine avec des œufs durs, des amandes, des oignons, des citrons. Par une délicate attention, les esclaves avaient aspergé les étrangères d'eau de rose et le café maure avait été servi dans des tasses à filigrane d'argent.

Une troupe de gitanes se présenta, de ceux qui travaillent aux irrigations et à la culture de l'alfa. Une femme était avec eux, *Régina,* populaire dans les tribus pour ses facultés divinatrices. Désireux de procurer un innocent plaisir à ses prisonnières, l'aga donna l'ordre que la sorcière nomade fût introduite auprès d'elles.

Alors aurait eu lieu une réédition de la scène légendaire où la créole Joséphine Tascher de la Pagerie apprit, d'une prophétesse de rencontre, le sort brillant qui l'attendait en France.

Jeanne, résignée, s'efforçait de gagner la confiance de ses gardiens à force de douceur et de docilité, et elle y réussissait. Peu à peu la surveillance s'était relâchée autour d'elle. Elle s'employait, avec ses compagnes, à des travaux de couture, elle apprenait même quelques mots d'arabe. Aussi tous souhaitaient sincèrement qu'elle fût promue à un rang digne d'elle.

En apprenant l'arrivée de la bohémienne, elle battit des mains, séduite par le secret mirage qui hantait ses

rèves indistincts, agitée par cette peur
de l'inconnu qui crée les dieux, suivant
le mot du poète latin. La gitane, avertie
probablement des circonstances du rapt
par les hommes de l'escorte, devina
l'ambition qui s'éveillait dans ce cœur
adolescent et elle prédit naturellement
ce qu'espérait sa cliente.

Avec une solennité burlesque, elle
déposa gravement à terre une cage où
se trouvait un coq noir, étala des cartes
mystérieuses qui portaient les lettres de
l'alphabet, jeta quelques poignées de
maïs sur le sable en murmurant une
invocation.

Le coq, lâché, se mit à picorer en
grattant le sol, et les grains, projetés sur
les cartes, désignèrent un assemblage

de lettres qui formaient ces deux mots
cabalistiques :

REINE APPROCHE

Tragique autant qu'une sorcière de
Macbeth, Régina s'inclina aussitôt
devant Jeanne Lanternier et laissa tomber son arrêt :

« Tu seras chérifa, impératrice bientôt, car tu as mérité l'amour d'un grand.
Le fruit de ton ventre sera béni jusqu'à
la troisième génération. »

N'est-ce pas ici encore un des nombreux incidents que l'imagination de
M. Ernest Alby a brodés sur la trame
un peu uniforme de la vie de son
héroïne ?

Il est, toutefois, vraisemblable que la gitane, avertie de la destination du voyage de Jeanne, en ait tiré un horoscope flatteur!

A LA COUR D'ABD-ER-RHAMAN

Il n'avait rien des grâces que lui prêtait l'imagination de Jeanne Lanternier, le vieil époux auquel elle était destinée par droit de conquête. Abd-er-Rhaman était simple préposé à la douane de Mogador, lorsqu'il fut appelé à succéder aux saints de sa religion, aux chérifs alaouites du Tafilalet qui continuaient sur le trône du Maroc la lignée du Prophète. « Craintif, soupçonneux, cauteleux, dit M. Narcisse Cotte, il conserva au pouvoir toutes les habitudes d'un employé du fisc. »

Ce singulier souverain avait, à la date
de l'enlèvement de Jeanne, près de
soixante ans. Il résidait d'ordinaire au
fond de son empire, à Marrakech; mais
il s'était porté, avec son fils préféré Sidi-
Mohammed, à Fez, pour surveiller l'agi-
tation que provoquaient sur la frontière
algérienne les mouvements d'Abd-el-
Kader. Il y avait, dans ces circonstances critiques, un intérêt politique de
premier ordre à ne pas négliger la
seconde capitale de l'empire célèbre par
ses cent mosquées, dont la plus belle,
celle de Moulaï-Edris, reconnue comme
un lieu de refuge inviolable, rappelait
le nom et la légende vénérée du fonda-
teur de la ville, du chef d'une des trois
grandes familles religieuses du Maroc.

Vous pouvez sans effort imaginer le décor où se produisit, comme un coup de théâtre, l'entrée de la princesse escortée de ses cavaliers, de ses chaouchs, portée, avec ses compagnes, dans un de ces palanquins revêtus de pourpre et d'étoffes éclatantes, défendue contre le sort par quelque pieux fétiche qu'un hadji fidèle avait rapporté de la Mecque. Les descriptions des reporters les plus vingtième siècle s'accordent à miracle avec les tableaux de la vie marocaine et du palais impérial que nous avons lus dans la copieuse bibliographie sur la « Chine africaine ». C'est bien, encore aujourd'hui, le même cadre, d'une blancheur de rêve sous un ciel de cobalt. Et il semble que cette pérennité

de la couleur locale dissimule un symbole : « Le blanc, a dit M. de Montlo-
sier, est la couleur de la matière aspi-
rant à la vie. »

Le palais, au portail duquel s'arrêta
la caravane qui amenait les présents
d'Abd-el-Kader à son beau-père, a peu
varié d'Abd-er-Rhaman à Abd-el-Aziz.
Il a toujours son aspect déconcertant
de Palais-Royal oriental. Comme de
nos jours, le sultan apparut dans le
préau des audiences, sortant de la
porte réservée au galop de son cheval
blanc, silencieux et spectral en son burnous qui se drapait en suaire, le pied
nu à l'étrier d'or dans la babouche
jaune. Sur sa tête dut se balancer, aux
mains d'un esclave, le parasol rouge.

A ses côtés cliquetaient son sabre et la boîte sacrée qui enfermait le *bokhari*, le commentaire du Coran.

Abd-er-Rhaman aimait à exagérer les signes extérieurs de son pouvoir mystique. Nul doute qu'à son entrée de parade, son œil noir, relevé de kohl, ne se promena avec complaisance sur les arrivants prosternés au seul bruit du pas de son cheval, pareils aux figurants bien dressés d'une pièce à spectable, et que l'ennui pesant de son autorité solitaire lui parut s'aiguiser d'une pointe de férocité satisfaite. Si sa gravité rituelle ne le lui eût interdit, il se fût volontiers égayé à la façon sinistre de Caligula qui riait à ses pensées meurtrières au cours d'un festin : « Je songe, mes amis, que d'un signe de tête je puis vous faire égorger. »

Cependant, Abd-er-Rhaman témoigna, paraît-il, quelque satisfaction au sujet du tribut de l'émir. Il daigna descendre de cheval, examina d'abord les animaux, les tapis, les étoffes, fit lever le voile des quatre blanches. Il était accompagné de sa cour, de ses dignitaires et de son fils Sidi-Mohammed.

Dès ce moment, ce dernier aurait été vivement impressionné par l'attitude suppliante de Jeanne Lanternier, par sa grâce adolescente et les promesses de sa beauté à peine éclose. Il était peu estimé dans le Maghzen. On le disait fils d'une négresse, simple esclave amenée du Soudan et achetée deux cents francs au marché de Marrakech.

En général, les jeunes Marocains des hautes classes préfèrent à tout autre parti mettre dans leur harem des négresses qui ne leur imposent aucune obligation et laissent leur avenir libre de charges. Les alliances avec les familles considérables coûtent cher et la répudiation, dans ce cas, ne peut être obtenue qu'en échange d'une forte indemnité.

Pour examiner plus à l'aise le bétail humain qui lui était offert, le sultan ordonna de l'introduire dans la cour qui communique à ses appartements et où Abd-el-Aziz se révéla familièrement aux envoyés des journaux parisiens. Jeanne, sa mère et les deux Allemandes

furent exposées, comme au marché, aux regards des connaisseurs. Et le résultat de cette inspection fut que les Allemandes furent jugées une prise médiocre, bonnes tout au plus à subir les enchères sur la place de Takinn ou de Taza au profit du trésor impérial. Jeanne seule fut estimée digne du harem de Sa Hautesse. Elle obtint de ne pas être séparée de sa mère. Faveur précieuse, qui s'explique d'elle-même, sans qu'il soit besoin, comme l'a fait M. Alby, de recourir au merveilleux.

Elle n'aurait séjourné que trois mois au harem de Fez. Un matin, l'intendant du palais vint l'avertir qu'elle devait aller fixer sa résidence à Marrakech. Agréée par le sultan, elle voyagera sous la protection d'une puissante escorte, dans un cadre pompeusement orné, hissé à dos de dromadaire.

La caravane mit vingt-cinq jours à atteindre la capitale du vieux Maroc, « ville immense et incohérente, a écrit un explorateur (1), qui comptait peut-être autrefois quatre cent mille habitants et en contient à peu près cinquante mille aujourd'hui, dormant derrière ses hautes murailles couleur de rouille et de bistre, — le cadre des *Derniers Rebelles* de Benjamin Constant, — dominée par une tour carrée qui rappelle la Giralda de Séville. »

Abd-er-Rhaman aimait cette cité,

(1) Dr A. MARCET, *le Maroc*, Voyage d'une mission française. Plon, 1885.

berceau de sa dynastie, parée de ses
jardins en fleur comme une épousée,
où il vivait d'ordinaire dans une solitude magnifique. Il ne tarda pas à
s'y rendre. Son retour eut lieu « aux
olives ». Alors il se souvint de la
Française qu'il avait admise dans son
gynécée. On lui apprit qu'elle avait
cédé aux instances de son entourage et
prononcé la formule sacrée qui suffit
pour transformer un giaour en croyant :
*La allah ill' allah, Mohammed rassoull
allah.* Sa mère avait suivi cet exemple.
Cette abjuration l'arrachait à la condition misérable des esclaves chrétiennes, lui permettait de s'élever au
rang de favorite, d'ambitionner même
le titre envié de *validé.*

Parmi les femmes attachées à son service, se trouvait une négresse, Baki, qui avait été la nourrice de Sidi-Mohammed. Elle consentit, dit M. Alby, à servir d'intermédiaire entre le jeune prince et Jeanne. Un roman naquit dans l'ombre du harem. Loin de s'en offenser, le sultan, qui ne savait rien refuser à son fils de prédilection, lui céda magnanimement ses droits. Jeanne entra donc, sous le nom de *Dagia,* au harem de l'héritier de la couronne.

Abd-er-Rhaman ne se piquait pas de pratiquer la sagesse écrite des « barbares » d'Europe. Il n'avait pas lu *l'École des femmes,* mais il savait par cœur cette maxime du Coran : « La femme fuit la barbe blanche, comme la brebis fuit le chacal. » Il prêta la main à l'élévation subite de sa prisonnière, appelée à l'honneur de devenir la femme légitime de son successeur désigné, sultane éventuelle.

LES SULTANS MAROCAINS

ONT TOUJOURS DÉSIRÉ DES SULTANES FRANÇAISES

Une sultane française au Maroc, ce fut, semble-t-il, le rêve persistant des ancêtres d'Abd-el-Aziz, et, à maintes reprises, ils cherchèrent à mettre une de nos compatriotes au premier rang de leur harem.

L'exemple le plus connu de cet état d'âme est l'aventure de la princesse de Conti, fille de Louis XIV et de La Vallière. Vers 1680, le sultan Mouley-Ismaël dépêcha à Paris un singulier ambassadeur, Ben-Aïssa, qui ne tarda pas à devenir la coqueluche des nobles dames de la cour et à renouveler les exploits que conte Brantôme. Les ruelles raffolaient du prince « maure » et le *Mercure* ne dédaignait pas de lui prêter des mots dignes du Persan de Montesquieu : « Vous me demandez, aurait-il dit, avec une galante ironie, à l'une de ses plus illustres admiratrices, qui se plaisait à l'embarrasser de ses questions saugrenues, comment je puis justifier la polygamie. C'est bien simple. Si nous avons adopté cette coutume, c'est afin de trouver réunies dans plusieurs femmes les qualités que chaque Française possède à elle seule. »

Mais la princesse de Conti, devenue veuve d'un mari qu'elle n'aimait guère, et qui en prenait plaisamment son parti, fixa l'admiration de « l'envoyé des Maures ». Il en écrivit d'enthousiasme à son auguste maître, qui connaissait les traits de l'ex-mademoiselle de Blois par un portrait saisi sur un officier français que les pirates avaient pris en mer. Ce fut du délire, le coup de foudre classique. Mouley-Ismaël chargea aussitôt son ambassadeur de demander la main de la princesse.

Mme de Conti était habituée à ces hommages excentriques. Sa renommée s'étendait jusqu'au Pérou. Un des nombreux portraits d'elle qu'elle avait mis dans la circulation, gage probable de quelque intrigue discrète, était tombé, on ne sait comment, dans les mains d'une tribu d'Indiens voisine de Carthagène. Ces hommes de la nature s'imaginèrent que tant de beauté ne pouvait convenir qu'à une divinité et ils suspendirent l'objet à un arbre, l'honorèrent d'un culte officiel.

On connaît la réponse de Louis XIV, d'abord disposé à s'égayer sans bruit de l'incident, à la proposition qui lui fut soumise par Ben-Aïssa. Il opposa courtoisement la différence des religions et les poètes de ruelles s'emparèrent de l'anecdote :

> Que me demandez-vous, superbe Tingitane?
>   Osez-vous y penser?
> La fille de Louis jusqu'au rang de sultane
>   Peut-elle s'abaisser?

Jean-Baptiste Rousseau lui-même

consacra quelques vers pompeux au double triomphe de la fille de La Vallière :

> Votre beauté, grande princesse,
> Porte les traits dont elle blesse
> Jusqu'aux plus sauvages lieux.
> L'Afrique avec vous capitule,
> Et les conquêtes de vos yeux
> Vont plus loin que celles d'Hercule.

Le sultan du Maroc ne se tint pas pour battu. En 1699, il revint à la charge et formula une nouvelle demande officielle. C'est alors que la princesse aurait supplié le roi de refuser les bizarres avantages qui lui étaient offerts en prétextant spirituellement l'idolâtrie dont elle aurait été l'objet au Pérou et en arguant « qu'ayant un temple dans les Indes, il ne lui convenait pas de redescendre au rang des puissances mauresques de la terre » .

Les beaux esprits de la cour attribuèrent malicieusement les scrupules de la fille de La Vallière à des motifs infiniment moins relevés. On en fit des brocards. On ne manqua pas de répandre que ce n'était point le fait de la princesse de se soumettre à la condition des femmes turques, au rôle de sultane trop bien gardée et d'épouse intermittente. Il eût fallu, raillait-on, stipuler au contrat, à son profit, la clause de la partie la plus favorisée et obtenir pour elle le droit de jeter aussi le mouchoir.

Dame, la veuve de M. de Conti avait été singulièrement gâtée ! Le prince souriait au spectacle des faiblesses de sa femme, qu'il se plaisait, assure-t-on, à favoriser. Il professait cette belle philosophie des maris d'ancien régime, si proches de ceux de Molière, qui supportaient d'être trompés à la condition qu'ils le fussent avec grâce, que la chute fût jolie, et mettaient leur point d'honneur à se faire annoncer chez madame suivant toutes les règles d'un délicat protocole, de peur des surprises désagréables. C'était leur façon de pratiquer le *Pœte, non dolet* du couple antique.

Ce Mouley-Ismaël, qui projetait de combler le détroit de Gibraltar par la politique nuptiale, comme l'Espagne avait aplani les Pyrénées en admettant les Bourbons dans la couche de ses reines, était un souverain peu ordinaire, qui tranchait du Salomon. Il régna cinquante-quatre ans, eut huit cents rejetons. D'après les *thalebs*, un enfant naquit de lui dix-huit mois après sa mort, hommage symbolique à la vertu miraculeuse de son sang. L'ombre même de son burnous fut féconde.

Mais ses successeurs n'essayèrent point de s'européaniser par alliance. Ils s'en remirent plus volontiers au hasard des prises du soin de perpétuer le recrutement de leur sérail. Ainsi, en 1792, Mouley-Soliman, encore que sa tolérance éclectique lui suggérât d'accorder un refuge au philosophe Anacharsis Clootz, banni du reste de la terre, condamné à mort par tous les gouvernements de la Sainte-Alliance, tenait pour la commode pratique du rapt ancestral. Il choisit, dit-on, pour favorite une jeune fille de Calvi, Davia Franceschini, capturée par les pirates du Riff sur les côtes de la Corse, vendue à un dignitaire de sa cour, et l'éleva au titre d'impératrice.

Un des petits-neveux de la sultane, le seul survivant de sa parente en Corse, M. Louis Franceschini de Davia, qui habite à Corbara, dans l'arrondissement de Calvi, a bien voulu me transmettre une notice détaillée sur cette célèbre devancière de Jeanne Lanternier, qui ne donna point, malheureusement, d'héritier présomptif à Mouley-Soliman et paraît avoir été une femme d'intelligence supérieure.

Je transcris ici la légende qui la concerne, telle qu'elle résulte des traditions
locales et familiales, des faits connus et
des documents qui ont subsisté.

« Davia, m'écrit son petit-neveu de
Corbara, était la fille de Jacques-Marie
Franceschini, riche propriétaire. Ma
mère est sa petite-nièce et porte aussi
le nom de Davia. Vers 1792, Jacques-
Marie Franceschini, revenant de l'île de
Sardaigne où il s'était marié, fut capturé
avec sa nouvelle famille par un corsaire
algérien (?). Conduit à Alger, ils furent,
comme tous les esclaves chrétiens, mis
en vente et achetés par un riche pacha.
La famille se composait de deux gar-
çons et d'une fille : Augustin, Vincent
et *Davia*. Jacques-Marie parvint en peu

de temps à gagner les bonnes grâces de son maître.

« Cependant, il était tourmenté du désir de revoir sa patrie. Il s'adressa au sultan qui consentit à le laisser partir à la condition qu'il laisserait au Maroc la jeune Davia, qui serait alors élevée au sérail impérial. La condition était dure. La famille exilée s'y résigna non sans combat et prit ainsi le chemin de la Corse.

« Mais, à peine rentré dans ses foyers, Franceschini ne put se faire à l'idée d'avoir abandonné sa fille au pouvoir des infidèles. Il conçut le projet hardi d'avoir par la force ce que nulle supplication ne pouvait lui donner et arma un bateau de course à cet effet. Son plan

était, aidé de quelques amis, d'enlever
sur la côte du Maroc un prince de la
famille impériale et d'en faire un otage
afin d'obtenir un échange. Il débarqua
à Saffy (?), mais il y fut atteint d'une
maladie qui l'emporta en quelques
jours. Privée de son chef, l'expédition
ne pouvait aboutir. On revint donc au
point de départ.

« Depuis longtemps, on n'avait plus
de nouvelles de Davia, lorsqu'en 1796
des agents du sultan du Maroc vinrent
en Corse pour s'informer de la famille
Franceschini. La jeune Davia était
devenue impératrice. Sa mère, Maria
Mauchi, et ses deux frères n'hésitèrent
pas à accepter les offres des émissaires
du sultan et à se rendre avec eux à

Maroc, où ils furent reçus avec tous les honneurs dus aux princes du sang. Par une faveur spéciale, ils furent admis à vivre avec leur illustre parente et eurent en apanage un vaste palais avec cinq cents esclaves.

« Davia était d'esprit très cultivé; elle avait étudié le droit, la théologie, les belles-lettres; elle entendait plusieurs langues et jouissait d'un grand crédit à la cour. Le sultan ne dédaignait pas de la consulter sur les affaires politiques et de l'admettre à son conseil privé. Elle eut une fille qui mourut à l'âge de sept ans...

« *Le Figaro*, qui a réédité une partie de ces faits en les empruntant à d'anciens articles de journaux, ajoute

M. Louis Franceschini de Davia, ne
s'est pas renseigné à la source, selon moi,
et a un peu trop donné de place aux
inventions de l'imagination. Ma famille
est encore actuellement désignée sous
le sobriquet de *la Turca*. Napoléon Ier
songea à profiter de l'influence de ma
grand'tante pour tenter une action au
Maroc... »

Nous possédons, d'ailleurs, une preuve
palpable de la faveur sans rivale dont
était investie Davia à la cour chérifienne. En l'an VII de la République,
le sultan adressa aux membres du Directoire une lettre pour leur recommander
Vincent Franceschini, le frère de l'impératrice. Voici le texte de ce document
officiel :

« Au nom de Dieu Tout-Puissant et miséricordieux.

« Il n'y a point de force et de pouvoir qui ne viennent de Dieu.

« A nos chers amis les grands qui composent le Directoire exécutif de la nation française.

« Nous vous apprenons que le porteur de la présente s'appelle Vincent Franceschini. Vous n'ignorez pas, sans doute, le degré de parenté dans lequel cet homme se trouve lié avec Nous. Nous l'aimons comme l'un de nos plus proches parents, à qui Nous ne voulons que du bien, et c'est ce qui Nous engage à Nous intéresser si fort à lui et à lui remettre cette lettre pour Vous en sa faveur, en Vous faisant connaître combien Nous serions charmés que Vous lui accordiez tout ce qu'il désire et que Vous lui donniez un emploi où il puisse être heureux.

« En restant toujours dans la même amitié, salut.

« Le 23 de la lune de Rébi de l'an 1213 (10 germinal an VII)... »

Complétons cette brève notice en disant que le sultan ayant été renversé et dégradé à la suite d'une révolution de palais, puis empoisonné dans sa prison, Davia suivit la disgrâce de son maître. Cependant, elle aurait su mériter la pitié du vainqueur et aurait vécu dans une retraite digne, entourée des plus grands égards ; pareille à ces reines des temps barbares, que la lassitude, l'*acedia vitæ*,

comme dit l'*Imitation*, poussait au cloître
et qui conservaient, à l'ombre des sévères arceaux, un semblant de cour et
d'autorité. Elle serait morte de la peste
vers 1802, date peu certaine.

L'exemple de Mouley-Soliman trouva
des imitateurs après lui. Abd-er-Rhaman, l'adversaire du maréchal Bugeaud,
donna pour arrière-grand'mère à Abd-
el-Aziz une Irlandaise, femme d'un
caporal anglais en garnison à Gibraltar.
C'est, du moins, ce qui ressort du témoignage du peintre américain Arthur
Schneider, lequel vécut seize mois,
de 1900 à 1902, dans l'intimité du
sultan du Maroc. Beaucoup de musulmans contestent la légitimité d'Abd-
el-Aziz et partagent l'opinion, sur

ce point, du roghi Abou-Hamara (1).

Ce prince est, d'ailleurs, un curieux type de sang mêlé. Son père, Mouley-Hassan, étant mort subitement, empoisonné peut-être, dans une expédition qu'il dirigeait contre les Berbères, le chambellan Ba-Ahmed maquilla le cadavre, qu'il produisit en grande pompe ensuite en dissimulant l'événement pendant quelque jours. Ce stratagème lui donna le temps d'avertir la sultane validé, Rok'ya, belle esclave circassienne achetée jadis à Constantinople, musicienne, instruite, une Roxelane marocaine. Elle envoya Abd-el-Aziz, son fils préféré, au camp, et le fit pro-

(1) Octave Uzanne, *Écho de Paris* du 14 mai 1903.

clamer par les troupes chérifiennes au détriment de son frère aîné, le prince borgne Mouley-Mohammed.

« On amène au Maroc, dit M. Ludovic Naudeau (1), pour être placées dans les harems des plus riches seigneurs, certaines fillettes turques ou arméniennes, élevées méthodiquement pour cette carrière et rendues expertes dans ces arts subtils, dans ces raffinements inouïs, qui leur assureront l'attachement sans bornes de leurs maîtres extasiés. La mère du sultan actuel était une de ces savantes houris, une de ces scientifiques prostituées. Achetée à un sensuel pacha du Caire, par un seigneur

(1) *Le Journal*, numéro du 9 janvier 1903.

marocain, donnée par ce courtisan au sultan, *et, d'ailleurs, assure-t-on, de sang européen*, elle devint rapidement sa favorite exclusive, acquit sur son esprit un empire absolu et finit par assurer la couronne à son rejeton. »

Abd-el-Aziz subit visiblement l'influence contradictoire de ses troubles origines. Il ne rappelle en rien les vertus guerrières ou prolifiques de ses ancêtres, et son penchant pour la civilisation des « barbares » est manifeste. C'est un dégénéré, ami de la retraite, se couvrant volontiers de bijoux, curieux de mécanique, montrant une passion enfantine pour les inventions européennes, atteint d'un défaut physique qui rend illusoires pour lui les distractions du harem (1).

Le problème de la fusion des races est plus ardu en pays musulman que partout ailleurs. Si l'on cite, de nos jours, à titre d'exceptions, l'exemple d'officiers et de fonctionnaires alliés à des familles musulmanes, en revanche il n'est pas impossible de découvrir trace d'unions entre des femmes françaises et des fils du Prophète algériens. On a parlé du cas de *Juliette d'Aix* et de sa mère *Reine,* dite *la Chrétienne de la Smala,* qui suivirent la fortune d'Abd-el-Kader. Juliette, mariée à Ahmed, frère de lait de l'émir, fut rapatriée par le duc d'Aumale, revint en Provence

(1) F. Pène-Siéfert, *la France de demain,* numéro du 20 novembre 1904.

après la prise de la Smala ; mais, là, elle eut un noble scrupule de cœur et demanda à rejoindre son mari vaincu.

Jeanne Lanternier suivit à la lettre le précepte évangélique. Elle quitta de corps et d'âme ses parents, ses amis, son pays, s'attacha sincèrement à sa nouvelle patrie. Trait unique. La fascination du coin de terre arcadien où elle était née est telle que les plus illustres de ses enfants, après avoir guerroyé au loin, servi l'Espagne dans les plus hautes fonctions, refusaient le repos facile et le sort brillant qui s'offraient pour revenir s'absorber, comme Charlemagne, dans la contemplation d'un lac de montagne, préféraient aux séductions des villes le ciel embrumé de la

Comté et voulaient à tout prix dormir leur dernier sommeil à l'ombre des vieilles chapelles de la province.

Oui, la pastoure de Châtelay se prit à aimer sa patrie d'adoption, et ce mari de rencontre aux bras de qui l'avait jetée la destinée. Si elle revint un jour au village où son père peignait le chanvre, ce fut un pèlerinage senti-mental sans lendemain, qui ne laissa dans le Jura qu'une légende vague, vite abolie.

Singulière aventure, dont elle sut tirer une règle morale, qui nous la montre s'élevant à l'héroïsme dans la fidélité et silencieusement obstinée à garder envers un prince à demi barbare le serment qui lui fut imposé.

Et comment se défendre de penser ici à une autre paysanne jurassienne, à cette Odette de Champdivers, achetée à son père, le marchand de chevaux, pour consoler la folie de Charles VI! Elle s'éprit de son rôle et l'ennoblit par le dévouement; elle gagna la confiance de son triste amant par sa beauté, par sa douceur, car jamais, dit Michelet, il ne lui fit mal dans ses plus mauvais moments.

L'art a idéalisé cette gracieuse légende qui fleurit au milieu de la « grande pitié » où se « navroit » alors le cœur de la France. Un sculpteur trop oublié, Huguenin (de Dôle), a exposé au Salon de 1836 — l'année même où Jeanne fut enlevée par les soldats de l'émir —

un groupe de marbre qui fut fort admiré. Il représentait la « petite reine » réchauffant dans ses bras Charles VI.

Est-ce que la prodigieuse histoire de la villageoise de Châtelay n'inspirera pas, un jour ou l'autre, quelque artiste? Et n'y a-t-il pas là un poétique symbole, digne de parer les réalités maussades de la politique?

ISLY

Reconnue authentiquement, grâce à un caprice princier, comme épouse légitime du futur sultan, Jeanne n'eut plus d'histoire. Ici, un trou plein d'ombre dans la féerie vécue que fut la vie de la paysanne franc-comtoise.

Sept années s'écoulent sans qu'un seul indice laisse soupçonner l'existence, à Marrakech, d'une Française associée intimement â la destinée de Sidi-Mohammed.

Cependant, Abd-er-Rhaman pour

suivait sa politique à double face, prodiguant les assurances officielles de son bon vouloir, encourageant sous main l'audace d'Abd-el-Kader, dont il se méfiait au fond, comme d'un prétendant possible, d'un chef militaire puissant et ambitieux, jouissant d'un immense prestige parmi les populations turbulentes de la frontière marocaine, toujours prêt à la rébellion aussi bien qu'à la guerre sainte. En 1836, l'année même où fut capturée la famille Lanternier, il avait fait parvenir au camp de l'émir une nouvelle qui avait, un instant, suscité de folles espérances. Le roi de France, disait-on, venait d'être assassiné et une révolution était sur le point d'éclater à Paris. Il ne s'agissait, en réalité, que de Charles X, mort en exil.

L'artificieuse diplomatie du sultan avait réussi à donner le change à Bugeaud lui-même, à dérouter momentanément sa ferme clairvoyance : « On assure, écrivait-il au prince de Joinville à la date du 1ᵉʳ août 1844, que l'Empereur lui-même est arrivé à Fez et qu'il a donné l'ordre à son fils, qui venait de rejoindre le camp d'Aïour-Sidi-Mellouk, d'aller immédiatement le remplacer à Maroc. Ce changement, s'il est réel, pourrait retarder la conclusion de nos affaires, mais serait loin, à mon avis, d'être un indice de guerre ; il indiquerait plutôt que l'Empereur craignait l'emportement de la jeunesse de son fils et qu'il a préféré venir lui-même plus près du théâtre où la guerre est engagée... (1). »

D'autre part, les autorités françaises recueillaient des renseignements non moins optimistes sur l'attitude des Berbères, soumis de nom au pouvoir religieux du sultan du Maroc, un pape, a-t-on dit, plutôt qu'un souverain temporel, mais une espèce de pape d'Avignon. Il fallait en rabattre du fanatisme de ces populations, à la veille de faire explosion contre la France.

Le maréchal, dans une lettre à Soult, ministre de la guerre (2), confirmait l'impression heureuse qu'il avait transmise au prince de Joinville :

(1) Archives du ministère de la guerre. (Correspondance d'Algérie, 1844).

(2) *Ut suprà*, 1ᵉʳ août 1844.

« ... Eh bien, ce fanatisme n'était presque qu'un fantôme, puisque nos trois petits combats l'ont fait complètement disparaître. Loin d'être fanatiques, les populations de Fez ici résistent aux appels pour la guerre sainte et ne soupirent qu'après la paix. Elles n'ont jamais eu la centième partie du fanatisme qui animait les sujets d'Abd-el-Kader. Outre que ceux-ci ne manquaient jamais aux appels du combat, ils nous harcelaient sans cesse dans nos marches, dans nos camps. Sur le territoire marocain, au contraire, nous nous sommes promenés à deux reprises et chaque fois pendant plusieurs jours, sans voir un seul cavalier du pays, sans recevoir un seul coup de fusil.

« Une seule fois, nous avons été suivis par environ cent cinquante cavaliers, mais ils appartenaient à une tribu du désert. Il y a plus, bon nombre des tribus des environs d'Ouchda m'ont fait faire des ouvertures de soumission… La grande tribu des Beni-Senassem, qui occupe tout le nord montagneux des plaines d'Ouchda, a refusé de marcher contre nous et a déclaré qu'elle ne nous combattrait que quand nous envahirions son territoire. Plusieurs autres grandes tribus de l'intérieur, et notamment autour de Thaza, se sont montrées plus disposées à la rébellion qu'à la guerre sainte, et je ne doute pas que nous ne devions à la tiédeur des populations ce rôle purement défensif que les généraux marocains ont adopté après le combat du 3 juillet... »

Sidi-Mohammed, désigné pour surveiller les événements et s'opposer à la marche en avant de Bugeaud, était le représentant du vieux Maroc féodal et tyrannique. Ignorant et superstitieux, tout l'opposé du prince Charmant, du « beau jeune homme » que M. Alby nous a dépeint dans son récit de seconde main, il était convaincu qu'il n'avait qu'à aller et à voir pour vaincre. Il ressemblait plutôt à l'un de ses homonymes, le sultan bâtisseur du dix-huitième siècle, qui fit agrandir et décorer par des ouvriers européens son palais de Maroc et dut licencier sa garde noire, transformée en un corps de janissaires turbulents, toujours prêts à la révolte.

Il avait apporté des fers pour enchaîner les soldats de Bugeaud, qui ne pouvaient, croyait-il, lui tenir tête, et il pensait qu'il n'avait qu'à lever le doigt pour rassembler trois cent mille hommes en vue de la grande bataille qui s'approchait. On sait qu'il n'eut à Isly qu'une soixantaine de mille hommes, en tout et pour tout; troupeau confus, indiscipliné, mal armé, absolument impropre à une action d'ensemble.

Donc, Sidi-Mohammed allait au combat comme à une fête, avec une ostentation ridicule et une pompe barbare. Il avait emmené de Maroc ses sloughis, fidèlement attachés à ses pas; ses musiciens, ses sorciers; même, dit-on, ses femmes. Jeanne Lanternier dut le suivre dans sa folle chevauchée, au moins jusqu'à Fez et peut-être plus loin. N'était-elle pas légitimée, sa favorite? N'éprouvait-il pas, en son cœur férocement ingénu, un peu de ce sentiment chevaleresque qui double la valeur du guerrier combattant sous les yeux de sa belle? Ne tenait-il pas aussi, par un raffinement instinctif de jalousie, à justifier son choix, à montrer à la Française la supériorité du fils du Prophète sur les giaours ses ex-compatriotes?

Enfin, il est admissible qu'avec son caractère soupçonneux et cruel, qui faisait, dès cette date, présager aux courtisans un régime de rigueur et d'intimidation, il craignit de laisser derrière lui sa favorite exposée aux rivalités et aux rancunes du harem. Un mauvais café est si vite administré !

C'était, d'ailleurs, assez l'habitude des sultans de se séparer peu de leurs épouses. Hugues le Roux a fort spirituellement conté l'histoire de Mouley-Hassan, le fils et le successeur de Sidi-Mohammed. Il s'était rendu à Tanger pour assurer le recouvrement des impôts et il s'était fait accompagner de la sultane aimée, qui accoucha dans cette ville. L'orthodoxie du chef des croyants s'alarma de cette coïncidence ; il crut devoir renvoyer à Fez la femme et l'héritier qu'elle lui avait donné à l'improviste. Mais, à deux journées de

Tanger, la caravane fut assaillie et pillée par un parti de maraudeurs ; la sultane et l'enfant périrent dans la bagarre (1).

Toutefois, aucun document n'affirme la présence de la « sultane française » sur le champ de bataille d'Isly, et les archives de la guerre semblent témoigner qu'aucune des femmes de Sidi-Mohammed n'assista à sa défaite, contrairement à une légende trop aisément acceptée par quelques voyageurs et historiens.

D'après eux, — M. Narcisse Cotte, par exemple, déjà cité, — le fils du sultan avait avec lui ses femmes dans la

(1) Hugues LE ROUX, *Journal.*

tente immense où il reposa le 14 août 1844 et qui figure aujourd'hui aux Invalides, apportée à Paris, avec le butin de la bataille, par le colonel Eynard, aide de camp de Bugeaud. Établie en forme de cirque, elle contenait plus de cent personnes. Trois cent vingt mètres de toile avaient servi à la confectionner et elle était soutenue par trois cent trente pieux. Bugeaud y dîna à Alger, dans un banquet offert par les colons sur l'esplanade Bab-el-Oued.

Il est infiniment probable que Sidi-Mohammed ne voulut pas hasarder dans la mêlée ses compagnes préférées; qu'il les laissa à quelque distance, se réservant de leur amener ses ennemis enchaînés. Et voilà qui expliquerait en partie sa fuite précipitée et honteuse.

Consulté par moi sur cet épisode de la conquête algérienne, le ministère de la guerre, que dirigeait alors le général de Galliffet, m'a répondu par la lettre suivante, des plus explicites :

MINISTÈRE DE LA GUERRE

ÉTAT-MAJOR DE L'ARMÉE

SECTION HISTORIQUE

Paris, le 24 mars 1900.

Monsieur,

Par une lettre du 16 mars courant, vous m'avez demandé si les archives du ministère de la guerre possédaient quelques renseignements au sujet d'une femme française, nommée *Virginie* ou *Jeanne Lanternier*, qui aurait été trouvée, après la bataille d'Isly, parmi les femmes de Sidi-Mohammed.

J'ai l'honneur de vous faire connaître que les rapports sur la bataille d'Isly mentionnent bien la prise de tentes, de canons et de drapeaux, mais il n'y est nullement question de femmes du chef *arabe (sic)*.

Recevez, monsieur, l'assurance de ma considération distinguée.

Pour le ministre et par son ordre :
Le sous-chef d'état-major général de l'armée,

(Signature illisible.)

Elle fut plutôt piteuse, l'attitude du prince rodomont, du mari de Jeanne

Lanternier, à Isly. Avec les soixante mille hommes dont il disposait, il ne put résister au choc des huit mille soldats de Bugeaud, supérieurement massés et conduits, il est vrai. Lorsqu'il vit venir à lui les colonnes françaises, pour l'assaut suprême, il fut pris d'une terreur superstitieuse, demeura sourd aux supplications des chefs qui parlaient de sauver au moins l'honneur, voulut tirer aux champs à tout prix. « Non, aurait-il crié, c'est à moi seul que les *Nessâra* (Nazaréens) en veulent ! »

Il eût donné alors, comme Richard III, son royaume en expectative pour un cheval. Il s'enfuit devant la fatalité, visible à ses yeux hallucinés, galopa tout d'une traite jusqu'à Za, suivi seulement de quelques cavaliers (1), laissant aux mains de nos soldats son camp, onze pièces de canon, seize drapeaux, douze cents tentes, y compris la sienne, tout son bagage personnel et un butin immense.

Sa garde prétorienne, sa garde noire, qui devint plus tard le principal instrument de sa tyrannie ombrageuse et mesquine, essaya de soutenir un semblant de lutte. Trop tard.

« En arrivant à Za, dit Bugeaud (2), il trouva des lettres extrêmement pressées, dont on n'a pas su publiquement

(1) Lettre de Bugeaud à Soult, 19 août 1844. (Archives de la Guerre.)
(2) *Idem*, 23 août 1844.

le contenu, mais qui, très probablement, lui annonçaient le bombardement de Tanger ; elles étaient envoyées par l'Empereur. De Za, Sidi-Mohammed gagna Taza en faisant une halte très courte à Rabat-Clemessoûn... »

Les tribus se montrèrent impitoyables pour les vaincus d'Isly. Elles harcelèrent l'armée débandée, dépouillèrent les traînards, laissèrent sans secours les blessés. La plupart arrivèrent nus, privés de leurs armes, de leurs chevaux, de leurs meilleurs habits. « Jamais, écrivait encore Bugeaud au prince de Joinville, on ne vit plus grande preuve de barbarie (1). »

(1) Archives de la Guerre. Lettre du 25 août 1844.

Pendant ce temps, Sidi-Mohammed sauvait sa tête sacrée.

Et là-bas, sans qu'il fût besoin de l'éperon,
Le cheval galopait toujours à perdre haleine.
Il passait la rivière, il franchissait la plaine,
Il volait...

Quelques prisonniers français, englobés dans le sauve-qui-peut de la déroute marocaine, furent victimes de la férocité des pillards des tribus. Un chasseur, nommé Wolff, dont le nom a figuré dans les rapports de Bugeaud, on l'a vu plus haut, emmené vers Taza avec ses compagnons, tomba malade, ne put se traîner jusqu'au but, fut abandonné. Des bergers se saisirent de lui, le torturèrent affreusement et le brûlèrent vif.

Il était à craindre que Sidi-Mohammed, rendu furieux par l'humiliation
qu'il avait subie, par les reproches muets
de son entourage, ne fit payer cher à son
épouse française les déboires qui l'acca-
blaient. Il n'en fut rien. « Le prince, a
écrit M. Ernest Alby en 1847, revint à
Fez. Il s'attendait à être condamné à
mort. Son père lui fit grâce de la vie. Il
alla rejoindre sa femme à Maroc. *(Entre
parenthèse, M. Alby avait assuré précé-
demment qu'elle se trouvait à Fez!)* ELLE
LE CONSOLA DE SA DISGRACE ET ELLE COMBLA
SES VŒUX EN DONNANT LE JOUR A UN FILS.
ELLE ACCOUCHA PENDANT LE SÉJOUR D'ESCOF-
FIER (1) AU MAROC. Depuis cette époque,

____

(1) Le trompette Escoffier, prisonnier français au
Maroc. (Voir le chapitre suivant.)

Mlle Lanternier et sa mère continuent de mener la vie la plus douce et la plus fortunée, et c'est ainsi que deux paysannes françaises, deux esclaves de l'émir, sont entrées dans la famille de l'empereur Muley-Abd-er-Rhaman et que l'une d'elles finira quelque jour par s'asseoir sur le trône du Maroc. »

Ce fils, né de sang français dans une si tragique circonstance, ne serait-il pas le père d'Abd-el-Aziz? Jeanne Lanternier semble avoir été la première épouse chérifienne de Sidi-Mohammed ; car ce prince était fort jeune en 1836, l'année du rapt, et il ne l'épousa qu'en 1837. D'après une pièce imprimée sans nom d'auteur, avec ce seul titre : *Histoire d'un captif racheté au Maroc* (1), rare et curieuse s'il en fut, « la première demoiselle que le prince épouse est grande sultane et conséquemment maîtresse absolue de la maison... A la naissance d'un prince, toutes les dames du sérail en célèbrent la fête. »

A la vérité, l'auteur anonyme déclare plus loin que les enfants des épouses légitimées jouissent de privilèges inégaux, réglés par la coutume et par l'arbitraire. L'ordre de succession des sultans en fait foi. « Les enfants, dit-il, de ces différentes reines ont droit à la couronne, à l'exclusion, toutefois, de ceux qui

(1) Bibliothèque nationale, impr. O³ j-5.

ont pour mère une sultane issue du sang chrétien. »

Mais cette loi a pu être tournée. Jeanne Lanternier avait embrassé l'islamisme, on l'a vu, et sa mère également. Donc, elle remplissait les conditions essentielles pour donner au Sultan un héritier du trône. Et la longue faveur dont elle disposa autorise l'hypothèse qu'elle ne négligea rien pour assurer à son fils le bénéfice de sa naissance.

La légende vient étayer les déductions que nous avons mises en avant. Elle est formelle. En citant le récit de M. Ernest Alby, qui parut, du reste, dans *la Presse* de Girardin en 1848, après avoir été détaché d'un travail plus étendu, publié l'année précédente, un journal de l'arrondissement natal de Jeanne Lanternier constate le fait sans ambages :

« Virginie (?) Lanternier, épouse *actuelle (en 1848)* du fils de l'empereur du Maroc, est appelée, sans nul doute, à partager un jour le trône d'Abd-er-Rhaman. Les habitants de Châtelay ont conservé le souvenir de Virginie, *future impératrice du Maroc (1)*. »

(1) Cf. *Annuaire du Jura*, année 1852, et le journal *l'Album dôlois*, 1848.

LE TROMPETTE ESCOFFIER

Une question se pose ici, urgente,
décisive.

Que vaut le récit, inexact et artifi-
ciel sur tant de points, de M. Ernest
Alby, qui fait de Jeanne Lanternier,
s'il est admissible, l'aïeule d'Abd-el-
Aziz? Certes, M. Ernest Alby s'est
révélé, en cette occasion, un littéra-
teur à l'imagination très éveillée. Il est
né à Marseille et il l'a bien fait voir.
Il a oublié parfois ses propres indica-
tions; il a affublé son héroïne d'un état
civil douteux, que dément nettement

le registre de la commune de Châtelay.
Il a corsé son histoire d'incidents fabu-
leux, absolument inutiles, comme
l'aventure de la gitane et celle de la
fosse aux lions d'où Jeanne se serait
tirée avec autant de bonheur que le
prophète de la Bible. Ces bons animaux
lui léchaient les pieds!!!

Il est probable aussi que les dialo-
gues, touchants ou dramatiques, dont
il a émaillé son exposé, ont été inventés
de toutes pièces, et c'est pourquoi je les
ai négligés à dessein comme de vains
développements. La vraisemblance, les
véritables mœurs du pays, la géographie même ont été trop souvent mé-
connus dans ce roman, où l'on voit des
personnages s'exprimer dans le style du

Châtelet, franchir les distances et es-
quiver les difficultés avec autant d'ai-
sance que la princesse de Bengale des
contes, emportée par le cheval enchanté
de l'Indien.

Oui, n'est-ce qu'un roman? Voilà le
grand mot lâché!

M. Alby s'est défendu par avance
contre cette accusation. Le principal
témoin qu'il invoque est le trompette
Escoffier, « qui demeura prisonnier
dix-huit mois chez les Arabes et les
Marocains. Quelque temps après la
bataille d'Isly, l'émir l'envoya à l'empereur Muley-Abd-er-Rhaman. Son
voyage dans le Maroc commence à
Ouchda et se termine à Tanger, en
remontant par Taza et par Fez... Ainsi

les lecteurs ont déjà pu comprendre que
c'était en partie par Escoffier que nous
avions été mis à même de compléter
l'histoire des femmes Lanternier et des
deux Allemandes. »

C'est à l'affaire de Sidi-Yussef,
en 1843, qu'Escoffier a été fait prisonnier. Il y a, là-dessus, un rapport
probant de Lamoricière à Bugeaud,
daté du 22 septembre.

La veille, au plus fort de ce rapide
engagement, le capitaine-adjudant-
major Cotte, s'étant laissé emporter au
milieu des ennemis, eut son cheval
tué et, blessé, ne put battre en retraite.
Il courait le risque d'être sabré ou capturé. Alors le trompette Escoffier sauta
à terre, donna son cheval à l'officier,

qui put ainsi rallier l'escadron de chasseurs.

Mais Escoffier fut entouré ; il ramassa
un fusil, brûla vingt et une cartouches,
tomba, la jambe traversée. Les soldats
d'Abd-el-Kader le recueillirent et l'em-
menèrent, avec ses camarades, Wolff,
qui devait mourir misérablement après
Isly, Briant, Chapuis, Gressart.

Remis aux autorités marocaines, il
vit de loin la bataille d'Isly, assista, à
l'Oued-Malouya, au supplice de son
compagnon Wolff, fut dirigé sur Fez.
Dans cette ville, il rencontra deux déserteurs français, Dumoulin, qui avait
pris à l'abjuration le nom d'Abdallah,
et Joseph Grémillet, qui avait pris celui
de Mustapha. Par eux, il apprit les

extraordinaires aventures des femmes
Lanternier. Un haut fonctionnaire marocain, le pacha Bousselam, « vint
confirmer, de son côté, l'exactitude
des faits relatés par les deux renégats
au sujet de Mlle Lanternier et de son
mariage avec Sidi-Mohammed, commandant en chef de l'armée marocaine
à la bataille d'Isly et fils aîné de l'empereur Muley-Abd-er-Rhaman. »

En 1845, Escoffier et son camarade
Briant sont rapatriés par les soins du
consulat français de Tanger, que gérait
alors M. Maubussin. Après un court
passage à Alger, l'ex-trompette revient
à Besançon, sa ville natale, où il reçoit
un accueil enthousiaste. La garde nationale s'émeut, une fête est ordonnée

en son honneur, on le couronne de lauriers.

Nous avons de cette manifestation une preuve officielle, la délibération prise le 24 mai 1845 par le conseil municipal de Besançon. En voici le texte :

« Tous les membres ayant été convoqués, présents, M. Brétillot, maire, président.

« Le conseil accueille avec empressement, au nom de la cité, la proposition qui lui est faite par un de ses membres de donner au trompette Escoffier, né à Besançon, un témoignage de gratitude et de haute estime qui rappelle l'acte de sublime dévouement par lequel ce militaire s'est signalé en Afrique, en abandonnant, dans un moment critique, son cheval à son capitaine pour qu'il puisse se soustraire à l'ennemi et rallier l'escadron sous ses ordres.

« En vue de réaliser cette pensée, le conseil vote au trompette Escoffier une médaille d'or de la valeur de trois cents francs et délibère que cette dépense sera inscrite au budget supplémentaire de 1845. »

Louis-Philippe s'émut de l'histoire du héros modeste des guerres africaines, témoigna le désir de le voir. Escoffier se rendit donc aux Tuileries, fut reçu par le roi, qui le nomma, avec Briant, garde surveillant au château.

Tel est le témoin principal qui a inspiré les racontars de M. Ernest Alby.

Il faut convenir qu'il est digne de foi et que ses affirmations, si étranges qu'elles paraissent au premier abord, ses souvenirs, si fumeux qu'ils soient dans l'ensemble, si flottants qu'ils soient dans les détails, ont pu avoir une source authentique. Les renégats, qu'il a fréquentés, paraissent avoir été en rapport avec des personnages du service du palais impérial de Marrakech, peut-être avec la négresse Baki, la nourrice de Sidi-Mohammed, qui avait été attachée à la personne de Jeanne Lanternier. Au plus fort des hostilités avec l'armée française, la plupart s'étaient éloignés de Fez et s'étaient enfoncés dans l'intérieur de l'empire.

Ces déserteurs jouissaient, du reste,

d'après le voyageur Rey (1), d'une réputation douteuse ; on les accablait de démonstrations enthousiastes et de menus cadeaux avant l'abjuration ; à peine avaient-ils prononcé la fatale formule qu'ils étaient délaissés sans ressources. Ils tombaient alors dans la misère, menaient l'existence hasardeuse d'aventuriers réduits aux pires expédients. D'aucuns se livrèrent au brigandage. La population musulmane les tenait en suspicion ; ils formaient, à Marrakech et à Fez, une petite colonie séparée, qui avait même son cimetière particulier. Et les Français, que leurs affaires ou les malheurs de la guerre

(1) *Souvenirs d'un voyage au Maroc,* par REY. (Bibl. nat., O³ j-18.)

amenaient au Maroc, furent victimes souvent des agissements de ces déclassés, qui avaient renié leur ancienne patrie et que leur nouvelle patrie couvrait d'une dédaigneuse protection.

Parmi eux, dit encore l'auteur de l'*Histoire d'un captif,* il y avait bon nombre d'officiers voleurs, de soldats dégradés, de repris de justice. *Ils vivaient généralement méprisés.*

L'historiographe de Jeanne Lanternier, M. Ernest Alby, qui a recueilli les récits dispersés de la captivité des Français au Maroc à l'époque chevaleresque, malgré ses qualités d'invention remarquables, a laissé un honorable souvenir. Il a connu beaucoup de prisonniers; on trouve son nom à la suite de ceux des derniers officiers français, arrachés aux mains d'Abd-el-Kader en 1846, grâce à l'intervention d'un officier espagnol, Demetrio Maria di Benito, gouverneur de Melilla. Il a signé avec eux une adresse de remerciement à cet ami de la France, qui s'était énergiquement entremis dans cette circonstance pour rendre la liberté aux prisonniers des combats de Sidi-Brahim et d'Aïn-Té-mouchant. M. Alby professait des opinions très avancées, il avait été disciple de Saint-Simon et d'Enfantin. Sur la fin de sa vie, il fut attaché à la Bibliothèque nationale.

AU HAREM

Quelle fut, au juste, l'existence de Jeanne Lanternier, de cette enfant de seize ans, transplantée, par un brutal caprice de la destinée, des champs paternels dans le mystère troublant d'un harem princier constitué à l'ancienne mode, que la Turquie elle-même, d'après des révélations récentes, a adoucie et réformée ? Que devint cette *désenchantée*, enfermée, sans espoir de retour, dans le « gynécée patriarcal et sensuel d'un Orient féroce et doux, barbare et décadent (1) » ?

(1) Henry BAÜER, *Écho de Paris.*

Les Sahariennes abondaient dans ce couvent voluptueux, telles que les a décrites Mme Jean Pommerol en son livre révélateur :

« Entre les tasses de thé et les propos indécents, elles se livrent, tantôt à des contorsions peu chastes, tantôt à des rigidités de statue, tandis que les « regardantes » affectent des airs détachés, ou passionnés, ou polis, ou dédaigneux. Elles paraissent vouloir, loin des hommes, étudier ce qui pourra plaire aux sens ou à l'imagination de ces derniers. Un souci volupteux (parfois à leur insu) les occupe, une instinctive recherche, qui se manifeste aussi dans leur parure et leurs parfums. Plaire ! Plaire !... et si peu souvent et pour si peu d'êtres de l'autre sexe (1) ! »

Dormir, manger, s'éventer, danser, s'habiller, recevoir des femmes amies, visiter les cimetières, telles étaient les distractions du harem à Marrakech. En 1836, l'année précisément où Jeanne Lanternier fut promue à la dignité de chérifa, Abd-er-Rhaman fit visiter, par faveur exceptionnelle, son harem à un officier français, le colonel Delarue ; mais il ordonna à ses femmes de se cacher derrière des persiennes, d'où elles pouvaient tout voir sans être vues.

« A peine eurent-elles jeté les yeux sur le colonel, qu'elles poussèrent des cris aigus et bruyants, espèce de musique

(1) Mme Jean POMMEROL, *Une Femme chez les Sahariennes*.

sauvage que font entendre les femmes marocaines pour exprimer leur parfaite satisfaction. Le lendemain, en effet, elles firent demander au colonel quel était le joli oiseau apprivoisé qui se tenait si bien sur sa tête et qui les avait si fort ravies. Elles avaient pris pour un oiseau la plume de coq tricolore qui surmontait son chapeau d'uniforme (1). »

Très semblables les unes aux autres, les retraites où les princes marocains enfermaient leur bétail féminin. Une terrasse sur laquelle ouvraient des cellules. Au seuil de chaque cellule, comme dans les ruelles mal famées des

(1) Journal *la Presse*, 13 août 1844.

villes algériennes, des femmes accroupies, fumant, s'interpellant d'une porte à l'autre. Alentour, un jardin aux vastes allées, bordées de la luxuriante végétation des climats de feu. De loin, le profane ne distingue qu'un grand pavillon surmonté d'une sorte de dôme en bulbe, de couleur éclatante.

Quelle différence entre cette vie claustrale, où les recluses, abruties par l'isolement et l'oisiveté, résignées au caprice du maître, comblaient les heures lentes par des distractions puériles, en jouant avec leurs doigts de pied, ou, plus simplement, « en s'endormant du pesant sommeil des bêtes lasses et repues, » et les libres années, où Jeanne errait dans la forêt de Chaux.

où, plus tard, fortifiée par les rudes travaux de la ferme paternelle, elle dansait sans contrainte avec les fils des colons de Dely-Ibrahim au son d'une musique de rencontre !

Et quelles jalousies elle dut exciter, parmi ces Soudaniennes qui se savaient condamnées à un rang subalterne, que l'on conduirait au marché du jeudi, un jour, lorsque, décidément, elles auraient cessé de plaire au maître !

Plus d'une fois, les esclaves noires, même les Circassiennes achetées à grands frais à Constantinople, grincèrent des dents et murmurèrent de rauques imprécations, lorsqu'elles virent Sidi-Mohammed, fidèle au rituel du palais, annoncé par un signal mystérieux des eunuques, passer sans s'arrêter devant leur seuil, « diriger sa marche où étaient ses amours, » s'éloigner ensuite, au son des trompettes, pour aller se purifier du contact féminin, suivant les prescriptions du livre saint (1) !

Dès ce moment, sans doute, Jeanne dut s'entendre appeler d'un surnom symbolisant sa faveur, l'influence persistante qu'elle exerçait sur l'héritier désigné d'Abd-er-Rhaman. Les sultanes d'origine européenne étaient qualifiées par leurs compagnes du titre de reines, suivi du nom de leur pays d'origine. Il y avait ainsi au harem la

(1) *Histoire d'un captif racheté au Maroc,* p. **25**.

reine d'Espagne, la reine d'Angleterre ; Jeanne devint naturellement la *reine de France*.

Cet état d'âme enfantin des emmurées du sérail, fruit d'une vie futile et animale, ne vous fait-il pas souvenir de la naïveté de ces filles des Chambââs qui, au dire des voyageurs, n'ayant vu que de loin en loin des officiers français, pensaient *que la race française ne comportant qu'un sexe, le fort, le sexe féminin n'existait pas chez nous* (1) ?

Dans cette étrange société, dit encore un témoin bien renseigné, M. Jules Erckmann, capitaine d'artillerie, chef d'une mission militaire au Maroc,

____

(1) Voir l'ouvrage cité plus haut de Mme Jean Pommerol.

neveu du romancier populaire (1), « les femmes font bande à part ; dès qu'elles ne sont plus très jeunes, elles sont abandonnées par leurs maris, qui leur préfèrent de jeunes négresses achetées au marché. Elles ne sortent guère que pour voir leurs parents, aller au hammam, quand il n'y en a pas dans la maison, et visiter les tombeaux le vendredi.

« Elles prient rarement ; on ne leur apprend rien, parce qu'on trouve qu'elles ne valent pas la peine d'être instruites de quoi que ce soit. Lorsqu'elles n'ont pas de servantes, elles passent une partie de la journée à moudre le blé et à faire le pain. Elles pren-

(1) *Le Maroc moderne*, par Jules Erckmann, p, 181 et suivantes. Paris, 1885.

nent l'air sur les terrasses, où, d'un commun accord, les hommes s'interdisent de monter, et se livrent quelquefois à une gymnastique fort dangereuse pour aller se rendre visite les unes aux autres. »

Abd-el-Aziz lui-même, bien que condamné, dit-on, par la nature à observer dans son gynécée une neutralité bienveillante, fut souvent victime des caprices des grands enfants qui décoraient son intimité. Il les amusait, au beau temps de son insouciance, en leur montrant la lanterne magique, en leur exhibant des bibelots européens, en prenant d'elles des instantanés, dont quelques-uns ont été reproduits par les journaux.

On raconte qu'une nuit, il envoya
les soldats du palais réveiller un négociant anglais pour lui demander de
livrer sur l'heure toutes les boîtes de
sardines que contenait son magasin.
La veille, le sultan avait donné à l'une
de ses favorites, une Circassienne, des
conserves de Marseille. L'aimable personne avait fait part des petits poissons
à ses compagnes, qui jugèrent le mets
délicieux et se rebellèrent contre leurs
gardiens parce qu'on ne leur en servait
pas au dîner. Il y eut un beau vacarme.

En d'autres temps, on eût cousu quel-
ques-unes dans un sac, pour l'exemple.
Mais Abd-el-Aziz déteste les scènes
et les violences. Sa jeunesse, passée
tout entière parmi les femmes, sous la

dépendance de la validé sa mère, l'éloignement de toute occupation guerrière, l'ont médiocrement préparé aux actes de décision. Il céda au vœu général et calma d'un mot condescendant la sédition, renouvelée vaguement de Lysistrata, qui menaçait son repos, sinon sa félicité !

Pauvre Abd-el-Aziz ! Qu'il se montre à cheval, drapé de la géba, du linceul blanc à capuchon, sous le parasol légendaire, dans l'attitude qu'ont retracée les peintres, au milieu d'un cortège moyenâgeux de cavaliers armés de lances ; qu'il revête, au grand scandale des croyants, le fantaisiste uniforme de général anglais imaginé par le caïd Mac Lean ; qu'il donne une audience particulière sur un fauteuil de canne, au seuil de la porte en fer à cheval qui ouvre, à l'extrémité de la terrasse de son palais, l'accès des appartements secrets, il me fait irrésistiblement songer à une mélancolique effigie de Pharaon qui est au Louvre. Vous la trouverez dans la salle des antiquités égyptiennes. C'est une statuette en stéatite jaune, finement travaillée, qui représente le roi eunuque de la dix-huitième dynastie, Aménophis ou Aménothès IV.

Les images que nous avons conservées de ce prince nous reportent à la célèbre division du règne de Louis XIV : *avant la fistule, après*. Il y eut, dans la vie du roi, une catastrophe inconnue qui bouleversa sa manière d'être et se traduisit par une dégénérescence analogue à l'infantilisme. Fut-il, comme le pensait Mariette, malheureux dans une guerre avec les Abyssins et dépouillé de sa virilité, suivant la coutume? On ne sait. Mais ses statues lui donnent, à partir d'une certaine époque, un aspect tout différent, l'aspect d'un féminisé imberbe, aux joues flasques et pendantes, au menton gras en saillie, au regard doux, aux cuisses fortes, aux hanches plantureuses.

Abd-el-Aziz ressemble étrangement à Aménothès IV, « le plus paradoxal des souverains qui régnèrent sur l'Égypte pendant l'antiquité. » D'origine servile comme lui, dominé par l'influence du sang nubien qui coule en abondance dans ses veines, comme dans celles du

Pharaon, il scandalisa aussi ses sujets par l'abandon apparent des pratiques religieuses de ses ancêtres et se laissa aller à un modernisme déconcertant.

Aménothès IV — rapprochement instructif — tenta une révolution religieuse et sociale en remplaçant le culte symbolique d'Atonou, fonda une ville nouvelle et changea jusqu'à son nom. « Il se distingue à peine de son père, dit M. Maspéro, dont l'autorité s'impose en pareille matière, dans les premiers portraits qu'on a de lui; il a les traits réguliers et un peu lourds, le corps idéalisé, la tournure conventionnelle des Pharaons orthodoxes. Khonniatonou (Aménothès, sous son nom nouveau) affecte un front fuyant, un grand nez aquilin, pointu, une bouche mince, un menton énorme, saillant en avant, se rattachant à un cou maigre et prolixe ; peu d'épaules, peu de muscles, mais des seins si ronds, un abdomen si gonflé, des hanches si plantureuses, qu'on dirait une femme (1). »

Et les serviteurs groupés autour de lui dans les figurations d'El-Amarna, qui sont venues témoigner par miracle d'un passé si nuageux, ressemblent au maître déchu, avec leurs profils anguleux, leurs poitrines molles, leurs allures équivoques et leurs ventres ballonnés jusqu'à la caricature.

(1) MASPÉRO, *Histoire ancienne*, t. II, p. 326.

Escoffier et les déserteurs français, au dire de M. Ernest Alby, ont soutenu qu'après Isly, le crédit de Jeanne Lanternier n'avait pas failli. Il se consolida du fait de la naissance d'un fils. Elle habitait le plus souvent, avec son mari, le palais de Marrakech. Peut-être s'ébattit-elle dans l'*Aguedal,* cet immense jardin, Eldorado barbare, où joua insouciamment Abd-el-Aziz, quand il n'était encore qu'un sultan fainéant. Elle suivit son seigneur, cachée dans ces sortes de tabernacles richement drapés qui dérobent aux regards masculins les traits des dames du harem.

Nous la revoyons par la pensée, assise à la turque sur les divans, mélancolique au souvenir de sa patrie absente, de sa famille dispersée, son frais visage encadré par les plis flottants et les reflets dorés de la *hantouze* et des *hafidas*, sous le diadème qui la désignait à ses rivales comme l'aimée entre toutes.

Elle promena ses rêveries sous les oliviers, les palmiers alternés de cyprès, parmi la forêt odorante des mimosas et des orangers, au bord des ruisseaux, frangés de lauriers-roses, qui entretenaient une fraîcheur exquise dans cette retraite enchantée.

Souvent, elle connut l'ivresse de régner sur le cœur du futur sultan dans un des kiosques mystérieux aménagés pour l'intimité.

Et elle agaçait en riant les lions et les panthères qui, accroupis dans leurs cages, semblaient les gardiens farouches et étonnés des divertissements secrets du Sidnâ.

SULTANE!

En 1859, le fuyard d'Isly succédait à
son père Voilà la paysanne de Châtelay sultane !

Tout fait supposer que son farouche
époux lui avait conservé son rang et son
influence dans cette immense population féminine qui grouillait, à divers
titres, au harem impérial. Abd-er-
Rhaman était renommé pour sa cupi-
dité. Il spéculait ouvertement sur le blé
et l'orge, faisait, au besoin, métier
d'usurier, et les légendes les plus fabu-
leuses couraient sur son trésor, dissi-

mulé à Mequinez ou dans le Tafilalet, où s'entassaient, disait-on, l'or et les marchandises précieuses. On parlait de cinq cents millions! Il n'est rien resté de cette réserve. Abd-el-Aziz n'a rien à envier à la civilisation européenne; c'est un souverain moderne, il s'est procuré des dettes.

Sidi-Mohammed, d'ailleurs, avait contribué pour une large part à la dispersion du trésor d'Abd-er-Rhaman. Il faisait acheter sans cesse des esclaves et il ne légua à Mouley-Hassan, son fils, que des charges.

« La grosse dépense, dit M. Ludovic de Campou (1), est le harem. Voilà la

(1) *Un Empire qui croule*, 1 vol. Paris, Plon.

ruine du budget. Le sultan *(Mouley-Hassan)*, ayant hérité du harem de son prédécesseur Sidi-Mohammed, a, outre les femmes légitimes, les concubines et les esclaves attachées à leur service, un personnel féminin de près de deux mille têtes, personnel qu'il faut nourrir, habiller, parer de bracelets et de bijoux, parfumer et distraire. Des juifs de Fez m'ont montré des comptes de plus de 100,000 francs pour des fournitures de soieries et de drap pour les vêtements de ces dames. Il y a, en outre, le harem à renouveler... Je ne parle pas des achats fantaisistes, que le sultan fait en Europe, d'horloges perfectionnées, de fusils, de canons, de pianos mécaniques, de montres à répétition et de diamants... »

C'est un peu avant son élévation au trône que Sidi-Mohammed aurait permis à Jeanne Lanternier de renouer avec sa famille, de s'enquérir du sort des siens. A quelle date faut-il placer cet açte de haute tolérance? Il semble qu'il a dû suivre la bataille d'Isly. D'après la légende qui a cours encore dans le Jura, la validé aurait fini par retrouver ses sœurs, aurait correspondu avec elles et réussi à les attirer au Maroc, où elles auraient épousé des dignitaires du maghzen.

Ce qui est certain, c'est que les trois sœurs de Jeanne, Claudine, Anne-Antoinette et Anne-Claude Lanternier, dont les noms continuent à figurer au registre des naissances de la commune de Châtelay, disparurent dans des conditions mystérieuses, s'évanouirent un matin, comme des héroïnes de ballades. Ni à Châtelay, ni à Dely-Ibrahim, ni à Alger, l'état civil n'a gardé trace de leur décès. Aucun papier officiel ne mentionne leurs noms. C'est bien étrange.

Marrakech était, pour Sidi-Mohammed, comme pour son père, la cité de prédilection. Il retrouvait, dans ce cadre archaïque, parmi ces populations hostiles à l'étranger, fermées à la civilisation occidentale, un milieu approprié à ses instincts de bas despotisme et de lâcheté cruelle. Le palais impérial était situé hors de la ville, en face de l'Atlas, avec de merveilleux jardins et des pavillons de retraite, séjour enchanté où semblaient revivre le faste insolent et les splendeurs magiques des sultans de légende servis par les fées et les génies.

On dit que, pareille à Aline, reine de Golconde, Jeanne Lanternier trompa sa nostalgie en faisant planter des arbres de France, dont quelques-uns subsisteraient encore. Elle aurait même, nouvelle Marie-Antoinette, obtenu de son seigneur la construction d'un Trianon en réduction, ou, tout au moins, d'une cabane rustique sur le modèle des chaumières de son pays. Mais les fées changèrent ici le dénouement du charmant conte du chevalier de Boufflers.

Lorsque la pastoure franc-comtoise reparut au Val d'Amour, elle n'avait plus son pot au lait; elle avait délaissé les attributs symboliques qui rendirent à Aline le cœur de son volage adorateur et firent, par miracle, refleurir ses amours vierges, ainsi que cela se pratique, dit-on, au paradis de Mahomet. Puissance divine de l'illusion!

Une des résidences où le sultan aimait à reposer ses noirs soucis était le palais de Saridj-Ménarah. Il s'y rendait avec son harem. Là aussi régnait un parc ombreux, « délices des rois maures, » comme les jardins de la romance, gardé à l'entrée par une ligne de peupliers. Partout s'étendaient des parterres aux couleurs chatoyantes; dans les kiosques, ménagés pour les apartés impériaux, le caprice sauvagement raffiné du souverain se plaisait à rencontrer les élues de son cœur, étendues à la sybarite sur des lits de roses.

Au milieu de ces splendeurs barbares, Jeanne n'oublia point la terre natale. Elle avait conservé la propriété de la maison paternelle de Châtelay. Ayant appris, un jour, qu'elle tombait en ruine, elle envoya une somme d'argent à l'un de ses parents pour payer les réparations nécessaires.

Les familles ont leur destinée.

Une des causes qui déterminèrent l'exode des Lanternier en Algérie fut l'incendie de cette pauvre isba, où ils avaient si vaillamment nargué la mauvaise fortune. Reconstruite par l'effet des libéralités de la sultane française du Maroc, la maison brûla de nouveau vers 1865. Le fait n'a point été oublié à Châtelay. Il y eut même, — on s'en souvient là-bas, — à cette occasion, un léger scandale. Un paysan refusa de faire la chaîne; la gendarmerie lui déclara procès-verbal et il fut poursuivi en justice.

Il apparaît, à la tolérance dont jouit la sultane en titre, mère d'un héritier de l'empire, aux facilités qui lui furent laissées de correspondre avec les siens, aux privilèges qui lui furent concédés, principalement après Isly et les révélations des prisonniers français, qu'une faveur exceptionnelle lui était attribuée.

Et pourquoi Mouley-Hassan ne serait-il pas le fils de la chrétienne renégate? Jamais, dans tous les cas, cette version n'a été démentie.

Les minutieuses constatations de l'état civil sont inconnues, encore maintenant, dans les pays d'islamisme pur. Le Maroc ignorera toujours le droit des gens. En 1844, Abd-er-Rhamam, le beau-père de Jeanne Lanternier, n'hésita pas à retenir à Tanger les ambassadeurs et les consuls étrangers. C'est même, très probablement, ce souvenir fâcheux qui a porté les puissances à décliner, pour la conférence de 1906, l'hospitalité d'Abd-el-Aziz. Elles savaient que le brigandage est, au Maroc, une industrie honorée, et craignaient une réédition du *Roi de la montagne*. Un brigand heureux peut devenir demain fonctionnaire, ministre peut-être.

Qu'est au fond l'*homme à l'ânesse*, le roghi Bou-Hamara? Un frère du sultan, un aventurier, un illuminé? Si une pareille incertitude règne et se propage sur l'identité des princes du sang, à plus forte raison enveloppe-t-elle les êtres de mystère recrutés pour le harem. Elles apparaissent comme des ombres voilées, fleurissent dans la solitude magnifique des palais, s'étiolent et meurent sans que nul ait le droit de s'en inquiéter. En parler même est une offense au maître. Le plus grave tort qu'Abd-el-Aziz ait porté à son autorité spirituelle de fils du Prophète, le plus sérieux

argument qu'il ait fourni à la révolte,
est la facilité avec laquelle il a laissé
répandre dans le public les instantanés
représentant ses femmes, le visage nu,
en des postures familières.

Donc, Jeanne Lanternier, promue au
titre d'épouse honoraire, classée par
l'âge dans le rang des *adjaïz* (femmes
hors d'âge), et, comme telle, autorisée
à se mêler aux hommes et à sortir du
palais, put fort bien compléter de vive
voix la légende qui était née des événements de 1844.

On prétend, il est vrai, pour dimi-
nuer l'importance de sa personnalité,
que Sidi-Mohammed exclut de sa succession, par un acte formel, l'aîné de ses
fils, au profit de Mouley-Hassan. Mais

ne faut-il pas voir, au contraire, dans
cette préférence affichée, rapprochée
des honneurs dont il n'avait cessé d'ho-
norer la chrétienne convertie à l'Islam,
la démonstration d'une sollicitude persistante pour la « sultane française » et
pour le fils qu'elle lui avait donné? Et
n'est-ce pas au profit de cet héritier
tardif, né au lendemain de l'inoubliable
défaite, qu'il s'est résolu à écarter du
trône son aîné?

QU'EST DEVENUE
JEANNE LANTERNIER?

Le Maroc a été décrit et raconté dans
ses moindres particularités. Pourtant,
aucun des explorateurs, des savants,
des officiers, des trafiquants ou des
simples aventuriers qui ont traversé ce
pays, si âprement convoité par les puissances, n'a consacré la moindre mention à la favorite de Sidi-Mohammed.
Aucun, depuis 1848, ne nous a fait
connaître l'épilogue de l'extraordinaire
aventure de Jeanne Lanternier.

Nos représentants officiels ont appris

par hasard son existence et son nom.
En 1899, j'ai écrit à M. Revoil, qui
devait plus tard prendre une part si
éclatante à la conférence d'Algésiras,
pour obtenir quelques renseignements.
Voici la réponse qui me parvint :

LÉGATION
DE LA
RÉPUBLIQUE FRANÇAISE
AU MAROC
           Tanger, le 29 décembre 1899.

Monsieur,

Vous vous êtes adressé à moi afin
de connaître les informations locales
propres à vous éclairer sur la date de la
mort au Maroc de la dame Virginie (?)
Lanternier et sur la descendance qu'elle
y aurait laissée.

Cette question avait déjà préoccupé la Légation et, il y a un **an**, il avait été écrit à M. le préfet de la Côte-d'Or, qui en avait saisi mon prédécesseur, que, malgré des recherches entreprises à Marrakech même et dans l'entourage du sultan, il n'avait pu être recueilli aucun renseignement sur la dame Lanternier, ni sur les circonstances de sa vie au Maroc.

Recevez, monsieur, les assurances de ma considération distinguée.

Le consul général,
chargé d'affaires de France,
LAMARTINIÈRE.

Ces démarches auprès de notre Légation étaient inspirées par les vives instances d'un sieur Ayard, parent probable de Jeanne Lanternier, habitant Dijon.

Je me suis alors retourné vers la préfecture de la Côte-d'Or. Consultée par moi, à deux reprises, elle ne put me fournir que la preuve de son intervention officieuse à Tanger. Il suffira donc de citer sa dernière lettre :

CABINET DU PRÉFET
DE LA
COTE-D'OR   Dijon, le 19 mars 1900.

Monsieur,

En réponse à votre nouvelle lettre concernant *la nommée Jeanne Lanternier*, j'ai l'honneur de vous faire connaître que c'est sur une demande adressée directement à la Légation française du Maroc par un nommé Ayard, demeurant alors à Dijon, que des recherches, infructueuses d'ailleurs, ont été faites à la cour chérifienne.

Ma préfecture n'a joué dans cette affaire que le rôle d'intermédiaire entre la Légation et M. Ayard, aujourd'hui décédé, et j'ignore quels liens de parenté l'unissaient à la dame Lanternier.

Agréez, monsieur, l'assurance de ma considération très distinguée.

Pour le préfet, le chef du cabinet,
Ch. RAVON.

A Châtelay même, la génération qui a connu Jeanne a disparu. Cependant, en 1906, une dame Baudier vivait encore ; elle a raconté à l'un de ses neveux, M. J.-J.-B. Guillemin, négociant à Paris, qu'elle avait vu revenir au pays la « sultane du Maroc ». Elle aurait accompli un pieux pèlerinage à la maison paternelle et à la vieille église de Chissey, où elle avait fait sa première communion. Interrogé par moi, un autre des neveux de la vénérable aïeule, M. A. Mathieu, de Chissey, m'a écrit à la date du 16 janvier 1905, en s'excusant de ne connaître que par la légende l'histoire de sa compatriote :

« ... Quant à notre tante, Mme Baudier, l'âge aidant, *elle ne se rappelle que vaguement avoir entendu parler de cette personne...* »

Et c'est grand dommage, car son témoignage précis eût éclairé mon enquête laborieuse d'une lumière éclatante. Un de ses ascendants, en effet, M. Baudier, a signé l'acte de naissance de Jeanne Lanternier, en sa qualité de maire de Châtelay.

Pour ne rien négliger, ajoutons qu'un autre originaire du Val d'Amour s'est montré plus explicite. Sa déposition mérite d'être consignée ici, bien qu'il soit témoin de seconde main.

M. Abel É..., employé au Sénat, est né en 1850. Son père était du même âge que Jeanne Lanternier. Il se souvient distinctement lui avoir entendu dire que la « sultane » était venue en France sous l'Empire, probablement à l'occasion de l'exposition de 1855. Un personnage de la cour chérifienne l'accompagnait; il l'attendait à Dijon, pendant qu'elle se rendait au village. Elle donna de l'argent pour restaurer la maison paternelle dont il ne subsiste aujourd'hui qu'un emplacement légendaire. La propriété passa ensuite aux mains d'un cousin, qui demeurait à Chissey. Les deux sœurs de Jeanne ont bien été attirées par elle au Maroc et mariées à des seigneurs de la cour.

Hors la tentative du sieur Ayard, de Dijon, nul ne s'enquit du sort de la paysanne muée en impératrice. Peu à peu, le silence se fit sur elle. On oublia la légende d'un héritage à la Crawford, qui avait un instant ému le pays. Il manqua, peut-être aussi, la lampe d'Aladin pour découvrir le trésor enchanté laissé, sans doute, par la princesse des *Mille et une nuits*.

La cour chérifienne, on l'a vu, a opposé un silence hérissé à toutes les curiosités. Son secret demeure impénétrable. Est-ce que les femmes du harem, même les sultanes, ont une histoire ? Saurions-nous quelque chose de celle de Jeanne Lanternier sans les indiscrétions d'esclaves du palais rapportées par un prisonnier français ? Sa tombe est anonyme ; on l'a enterrée sous les roses avec un verset du Coran pour épitaphe, et sa vie apparaît, dans l'ombre troublante de ce mystère, comme un roman éblouissant qui ne finit point.

Si bien que, dans le Val d'Amour même, il se rencontre déjà des sceptiques qui prétendent que Jeanne Lanternier a imaginé de toutes pièces son odyssée, rêvé sa fortune fabuleuse et joui longtemps en silence du succès de son invention.

Revenue d'une captivité sans gloire après Isly, elle ne se serait révélée à ses compatriotes que pour les mystifier. Seulement, comme elle n'avait pas l'esprit porté aux vastes spéculations, elle ne songea pas à tirer un parti pratique de son passé mystérieux. Elle a dû mourir concierge quelque part et ne rien laisser, pas même des *Mémoires*, à peine une légende, qu'a consciencieusement établie M. Ernest Alby, en y mettant un peu du sien, et à laquelle bon nombre de gens sérieux s'obstinent à attacher de l'intérêt.

Nous sommes tous d'Athène en ce point, et moi-même,
Au moment où je fais cette moralité...

ANNEXES

---

*Les sultanes blanches au Maroc
et l'Allemagne.*

La question délicate de la généalogie maternelle d'Ald-el-Aziz n'a pas été seulement
traitée par les publicistes français ; elle a
aussi occupé la presse et l'opinion allemandes.
Nous n'en donnerons ici qu'une preuve
entre vingt.

Au moment où la conférence d'Algésiras
— cette solennelle constatation de l'im-
puissance diplomatique — s'ouvrait dans le
noir du mystère comme un pur mélodrame,
les journaux d'outre-Rhin, à court de mauvais arguments, s'avisèrent d'invoquer les

origines européennes du sultan à l'appui de leur thèse.

Le 12 janvier 1906, le correspondant particulier du *Matin* à Berlin téléphonait à son journal :

« Un journal allemand nous donne une explication toute simple et définitive de l'attitude de l'Allemagne dans la question du Maroc.

« *Le sultan,* dit ce journal, *est presque allemand ; or, l'Allemagne a bien le droit — n'est-ce pas ? — de s'occuper des affaires de ses nationaux.*

« Un livre d'observations sur le Maroc, récemment paru, dont l'auteur est M. Genthe, journaliste de deuxième plan (qui fut au Maroc au printemps dernier et de qui la présence provoqua un incident dont on retrouve la trace au Livre Blanc), nous révèle, en effet, que la bisaïeule du sultan était Allemande. Elle s'appelait Saghia, native du grand-duché de Hesse. Faite esclave, elle fut vendue en 1790 au sultan Moulaï (Soliman), qui en fit sa quatrième femme.

« Ce fait, nié par les Anglais, qui affirment

que la quatrième femme du sultan Moulaï,
du nom de Saghia, était une Irlandaise,
serait confirmé par des documents laissés
par un capitaine autrichien du dix-huitième
siècle, qui demeura pendant huit ans au
Maroc.

« D'ailleurs, la mère elle-même du sultan
n'est pas Arabe, mais Circassienne. Elle fut
achetée sur le marché de Constantinople par
un marchand d'esclaves marocain et offerte
gracieusement au père du sultan actuel. »

(*Le Matin*, numéro du 14 janvier 1906.)

Le correspondant du journal français aurait
pu ajouter que l'aïeul du sultan régnant
avait consacré comme épouse favorite une
Française, Jeanne Lanternier, dont on vient
de lire les aventures romanesques. Il y avait
donc un précédent plus moderne à opposer
aux allégations contestables des écrivains
allemands attachés à la politique mondiale.

*Lettre de M. Victor Waille, professeur à
l'École des lettres et à l'École nationale des
beaux-arts d'Alger.*

Alger, 12 novembre 1905.

Mon cher ami,

L'*Annuaire* n'indique pas de vignerons
du nom de *Lanternier* à Dely-Ibrahim. Les
dossiers du Gouvernement Général, relatifs
aux colons qui ont obtenu des concessions,
sont également muets en ce qui concerne
notre compatriote, dont la descendance dans
ce pays est, sans doute, éteinte. Quant à sa
fille, qui était, paraît-il, fort belle, elle fut
enlevée, non par des pirates, mais par les
réguliers d'Abd-el-Kader (sur le cimetière de
Dely-Ibrahim) et conduite à Nedroma, puis
offerte par l'émir au jeune sultan du Maroc
(alors prince impérial). Joli cadeau à faire à
un jeune homme, à l'occasion du jour de
l'an! Ci-joint l'extrait qu'un de mes amis a

bien voulu copier dans un livre datant de
1837...

    Bien à toi.

        Victor WAILLE.

Ce livre ne faisait que reproduire les
articles de *la Presse* de 1848, cités par nous.

———

*Lettre du maire de Châtelay, commune
natale de Jeanne Lanternier.*

Châtelay (Jura), le 17 décembre 1899.

Monsieur Noël Amaudru,

En réponse à votre lettre du 12 décembre
courant, je vous fais connaître qu'on ne sait
pas plus à Châtelay qu'ailleurs si jamais
notre commune a fourni une impératrice
du Maroc.

Quoi qu'il en soit, ce qu'il y a de certain,
une **famille** de Châtelay, en **1833**, du nom
de *Lanternier*, est allée habiter l'Algérie, lors
de la colonisation. Quelques années plus

tard, cette famille, travaillant dans les champs, a été capturée par les Bédouins (?) et on ne sait ce qu'elle est devenue.

La personne dont vous parlez comme impératrice, enfant de cette famille, est née en 1820. La maison natale n'existe plus.

Le dernier frère du père Lanternier est décédé il y a deux ou trois ans. Il n'était pas plus renseigné que nous sur la situation.

Veuillez bien agréer, monsieur, les respects de votre très humble serviteur.

Le maire du Châtelay,
BLANC.

Les souvenirs du vénérable M. Blanc, contemporain de la « sultane française », l'avant-dernier maire de Châtelay, ne paraissent pas très précis, et il convient de n'attacher qu'une valeur relative à ses allégations. D'autres habitants de la commune se sont montrés plus explicites que lui.

Les dynasties arabes au Maroc.

Bou-Hamara est-il ou n'est-il pas le frère aîné d'Abd-el-Aziz? Question de pure forme, car, toutes les fois que l'islamisme marocain s'est senti menacé dans son intransigeance dogmatique, dans son attachement à une civilisation archaïque, il s'est tourné vers les saints de sa religion et a cherché à établir, sous une nouvelle étiquette, une sorte de Restauration musulmane. Les chefs des dynasties qui se sont succédé à Fez et à Marrakech n'étaient que des prétendants sans autres titres que la pureté de leur foi.

La première dynastie est celle des Ommiades, qui a laissé dans l'histoire une trace si éblouissante. Elle fonda le grand empire des Maures et soumit l'Espagne à son joug, mais ne réussit pas à réduire les montagnards berbères. C'est en 783 qu'Édriss, le chérif vénéré dont le nom est invoqué comme celui des saints chrétiens qui mirent l'in-

fluence religieuse au service des premiers
efforts des rois francs vers l'unité nationale
entrevue, se réfugia à l'extrémité de l'Afrique.
Il descendait de Fatime, fille de Mahomet,
et du pieux Ali. On l'accueillit en maître ; il
substitua la théocratie islamique à l'impé-
rialisme des califes ommiades et son œuvre
dura trois siècles.

Suivit une période de luttes. Les Maures,
chassés d'Espagne, perdirent pied en Europe
et le Maroc commença à être l'objet d'une
« pénétration » inquiétante de la part des
Espagnols et des Portugais. Le fanatisme
religieux s'enflamma de nouveau à l'approche des « barbares » et les chérifs four-
nirent au pays une jeune dynastie, la
dynastie saadienne, représentée à l'origine
par Mouley-Mohammed, dit le Mahdi (1620).
Enfin, la dynastie régnante est celle des chérifs alaouites, venus du Tafilalet au milieu
du dix-septième siècle. Le chérif qui la fonda
fut ramené de la Mecque ; il s'appelait
Mouley-Ali. Le Maroc était excédé du souvenir atroce de Mouley-Achmet (1647), dont
la luxure et la cruauté sont restées légen-

daires. Il périt dans une sédition et fut remplacé par l'usurpateur Crom-el-Hadji, qui assura son autorité en exterminant la race chérifienne et remit l'administration aux mains des juifs. La nièce d'une de ses victimes, Mouley-Labir, autre Judith, épousa le tyran et lui fit subir le sort d'Holopherne. Elle lui fit avaler un narcotique et le poignarda dans son sommeil. Puis, elle épousa le fils de l'usurpateur, Mouley-Cheik, qui ne tarda guère à être renversé du trône.

Mouley-Ali, le chef de la dynastie actuelle, était né à Iambo, près de Médine. La légende auguste qui rattachait sa généalogie à celle du Prophète fut confirmée par un heureux événement au début de son élévation. A son arrivée, la bonne saison étant venue, les palmiers reverdirent subitement et l'on s'empressa de crier au miracle.

Vincent Franceschini

(pp. 116 et suiv.)

Vincent Franceschini, frère de *Davia,* qui fut sultane au Maroc sous Mouley-Soliman, semble avoir largement bénéficié auprès de Napoléon de la recommandation de son impérial beau-frère. En l'an X, le *Moniteur* signale sa nomination de sous-commissaire des relations commerciales au Maroc, succédant, sans doute, à diverses missions officieuses. (Voir la collection du *Moniteur,* p. 921, an X.)

TABLE DES MATIÈRES

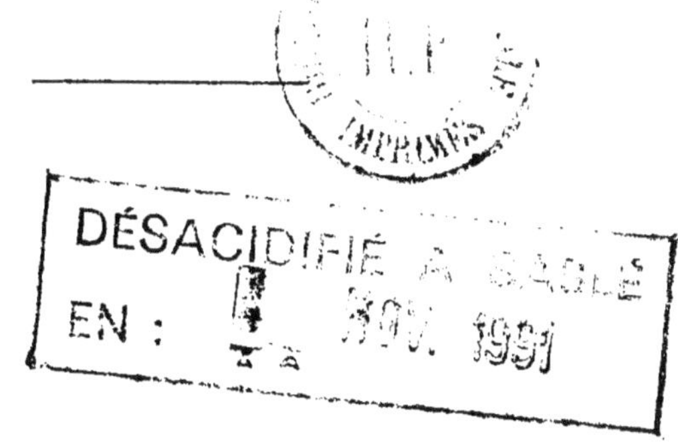

PARIS

TYPOGRAPHIE PLON-NOURRIT ET Cie

Rue Garancière, 8.